あなたのままでCAになる

CA受験のお守りになる48のマインドレッスン

-KO

みらい
PUBLISHING

はじめに

「CA のキャリア（既卒）採用を再開」

　——嬉しいニュースが届きました。新型コロナウイルスの影響で、客室乗務員（CA）の採用をしばらく控えていた大手航空会社が、2023 度入社からようやく CA の採用を再開したのです。

　その間挑戦すらできなかった多くの方にまたチャンスが訪れました。

　しかし募集人数をはるかに超える応募数があるのは今も昔も変わりません。新卒でご縁がなくそのまま諦める方も多いのですが、諦めきれずに別の仕事に就きながらも CA 受験を続ける方もいます。

　私は卒業後 8 年間、既卒受験を続けてきました。失敗を重ねるごとに「どうせ受からない」「容姿が良くないから無理なのかもしれない」「人として魅力がないから採用されない」——こんな諦めるような考え方に支配されてきました。そのため、面接の練習や企業研究をする、募集が出たら積極的に挑戦してみる、といういちばん必要な行動力が欠けていました。

　せっかく CA になりたいという意志があるにもかかわら

ず、不安や焦り、恐怖、諦めの感情に支配され、いちばん大切な「行動を起こすこと」への活力が湧かなくなりました。それゆえ、自信を失い自分を卑下していました。

　CA受験を乗り越えるには「自分軸」「思い込みからの解放」「物事をとことん突き詰める思考」が大切です。もちろんTOEICや企業研究、SPI対策に自己分析とやるべきことは山ほどありますが、それらすべての土台となるマインドセットが必要です。

　本書では「CA受験を乗り越えるマインド」と「物事をとことん突き詰める思考の筋トレ」を中心に面接やエントリーシート作成時に活かせる土台作りをしていきます。大切な時間管理についてもお伝えします。

　Chapter Ⅰでは、私の受験体験とそこから得た教訓をお話します。

　Chapter Ⅱでは、受験を乗り越えるための思考法をご紹介します。

　Chapter Ⅲでは、自分を苦しめる思い込みからの解放を目指します。Q & A形式になっているので、悩みに合わせてお読みください。

　Chapter Ⅳでは、苦しい時ほど感謝を持つ大切さを伝え

ます。

　Chapter Vは実践編です。夢を絶対に叶えるための「思考の筋トレ」と行動を具体的にお伝えします。

　巻末に自分と向き合うための思考のワークと、受験対策をするための時間管理のワークを載せました。毎日の積み重ねが習慣になるように作成しましたのでご活用ください。

　CA受験をCAになるためだけの過程にしてほしくありません。CAになった先の人生をも充実させてほしい。だからこそ、この受験期間を自分にとことん向き合う大切な時期にしていただきたいです。それが内定への基盤となり、ひいては人生の豊かさに直結すると思います。

　さあ！　どんな時でも揺るがないマインドを育てて、あなたはあなたのままで、自信を持ってCA受験を乗り越えていきましょう！

はじめに 2

Chapter Ⅰ
ポンコツな8年の受験生活で気づいた
CA受験に大切な教訓とは

1　私、スチュワーデスになる！ 12

2　容姿コンプレックスがひどすぎて締めかけた 13

3　自信がなくても目指すのは自由！ 15

4　自己流のエアライン対策で面接が苦手に 17

5　受験に対する甘さがチャンスを無駄にする 20

6　「新卒」は無理でも「既卒受験」がある！ 21

7　社会人経験を活かせない7年間 23

8　いつまで夢を追いかけるべきか 25

9　「毎日、日記を書いてみたら？」 27

10　CAになっても苦難はある 33

11　敗因はマインドにもあった!? 35

12　マインドコーチとして伝えたい想い 37

Chapter II
CA受験を乗り越えるマインドセット

13 受験に大切なマインドセットとは？ 42

14 マインドセット〜自己分析がなによりも大切〜 42

15 あなたらしく人間力を表現.. 44

16 全てが内定の糧になる 48

17 思考を可視化して「気づく力」を育てる........................... 51

18 辞書では分からない言葉のいろんな意味........................... 54

19 本命以外の航空会社を研究.. 58

20 自分軸（あなた軸）を明確にする 61

21 自信を永久不滅なものにしよう.. 66

22 あなたの本当の強みを見つけていますか？ 68

23 体験することで夢の実現が近づく 72

（コラム）表現力を磨き、継続力も育てる「読書」の力 77

Chapter III
受験を妨げる「思い込み」Q&A

24 内定がもらえない自分に価値がないと思っていませんか?........80

25 CAってすごいって思っていませんか? 83

26 コミュニケーション力が高くないとなれませんか? 86

27 面接はライバルだらけだと思っていませんか? 89

28 CAらしく振る舞おうとしていませんか? 92

29 諦める理由を年齢のせいにしていませんか? 94

30 講師に認められることがゴールになっていませんか? .. 97

31 失敗したら「終わり」と思っていませんか? 99

32 職場の心配をすることで受験から逃げていませんか? 103

33 無理と決めているのは誰? 106

34 大手のCAになることが全てだと思っていませんか? ..109

35 「ご縁」という言葉を乱用していませんか? 114

36 掲示板の情報を鵜呑みにしていませんか? 118

37 「うまくいかないやり方」に気づいていますか? 122

Chapter IV
受験の神様を味方につける
幸運を引き寄せるマインド

38 CA受験が育ててくれる「感謝できる心」.......................126

39 夢を追える環境に感謝 128

40 キャリア採用はただの「未経験」ではない....................131

41 給料をいただきながらCA受験ができていることに感謝.....135

42 不安と恐怖を感謝に変える...137

（コラム）初めて制服に袖を通した思い出 140

Chapter V
CA受験の基礎を固める毎日のワーク

43 地道な努力なくしてCAへの道作れず 142

44 24時間を把握できる者がCA受験をも制する 143

45 「なんでなんで攻撃」で思考のトレーニング.................148

46 「なんでなんで攻撃」 ―日常編― 149

47 「なんでなんで攻撃」 ―受験と人生の深掘り編―....152

48　自分の中に可能性を感じている証 154

CAになるために自分と向き合うワーク......................................157

おわりに　..184

Chapter 1

ポンコツな8年の受験生活で気づいた
CA受験に大切な教訓とは

1

私、スチュワーデスになる！

　私が初めて CA という職業を知ったのは、小学 4 年生でした。母の友人が、飛行機で購入した CA のエプロンを私にプレゼントしてくれたのがきっかけです。

　スカイブルーの生地にディズニーのキャラクターたちが楽しそうにデザインされているものでした。初めて見るエプロンに私は、母の友人が CA から直接いただいたものと勘違いし、特別感にワクワクして何度も着用し、まるで自分が CA になったかのような気分を味わっていました。

　その頃私はまだ飛行機には乗ったことがなかったので、飛行機という異空間で働くことへの憧れと英語を習っていたことが見事にリンクして、「私、スチュワーデスになる！」と心がときめきました（1980 年〜 90 年頃まで CA の呼称は「スチュワーデス」でした）。

　この頃はまだ自分の容姿に対するコンプレックスもなく、「CA たるもの容姿がいい人がなれるもの」という思い込みもなかったので、憧れの一つとして「CA って素敵だな、なってみたいな」と夢の仕事リストに入れました。

2

容姿コンプレックスがひどすぎて締めかけた

　初めて飛行機に乗ったのは中学生の時でした。憧れを抱いていた反面、機内で働く様子をしっかり見渡せるほどの余裕はありませんでした。そのフライトは7時間を超えるものだったので、恐怖と緊張でどの航空会社に乗っていたかさえ覚えていません。

　小学生の頃は純粋に、「CAに憧れる」「翻訳家もかっこいい」「通訳になれたらすごいな」と一つに絞ることができないくらい、いろんな夢を持っていました。

　しかし、高校生になると、自分の容姿を徐々に気にするようになり、テレビドラマに出てくるCAの容姿端麗なイメージや、周りの「CAって美人だね」という声に、コンプレックスを抱えている私は、「CAになりたい」という想いを話してはいけないと、隠すようになりました。

　自分の顔が大きらいだったので、容姿を気にするあまり、できるだけ人前に出たくない、人より目立つことはしたくない。顔を見られることが恥ずかしいからと、顔を隠すようにしていました。

　顔だけでなく、体型にもコンプレックスを持っていまし

た。自宅が坂の上にあったことから毎日の通学でふくらはぎがしっかり鍛えられたため、ししゃも足のようでした。そのため、足全体を見せることが恥ずかしく、制服のスカートだけは仕方なく履きましたが、プライベートではスカートよりもパンツを履いていました。

こんな私がCAになりたいなんて口が裂けても言えない。言ったらなんて馬鹿にされるのだろう。そう思うと家族にも友人にも夢の話を語れませんでした。それでもCAになりたい想いはずっと持ち続けていました。

ある日、大学進学について友人と話をしていた時、将来の夢を聞かれました。CAになりたいとは言えず、グランドスタッフ（地上職、以下GS）なら容姿は関係ないと考え、同じ航空業界のGSを目指していることを伝えました。すると友人から「無理だよ。難しいし、倍率が高いから」と一蹴されてしまったのです。まるで「あなたには航空業界全般無理なのよ」と言われたかのようでした。

今思えば、友人は私を否定したのではなく、航空業界は狭き門だから簡単に叶うものではない、と感じたことを言っただけだったのでしょう。

しかし、当時の私はコンプレックスだらけだったので、「GSにもなれないの？」と被害妄想で、夢を封印しそう

になりました。一方で、友人に反発心も抱き、「GS にはなっ
てやる！」という想いも湧いてきて、いつしか GS になる
夢に置き換えるようになりました。

③

自信がなくても目指すのは自由！

　高校の頃は英語を使った仕事をしたいと思っていて、
ずっと目指していた大学がありました。しかし、1年目は
合格できず、浪人をすることになりました。

　1年後、力が及ばず第2志望の大学の文化学科に入学。
いつか海外で働きたいと思っていた私には日本とヨーロッ
パの文化を比較する授業などは大いに役に立ちました。

　しかし、大学3年生になり就活を意識するようになって、
CA になろうと決意するまでには長い葛藤がありました。

　CA になる夢を手放した時期もありました。

　大学2年生の授業で、当時 UNHCR（国連難民高等弁務
官事務所）の高等弁務官をしていた緒方貞子さんの姿を資
料映像で見て、「すごい！」と衝撃を受けた時もそうでした。

　女性で戦地の難民支援をされている姿に大きな感銘を受
け、「恵まれた日本に育った私も、手を差し伸べたい！」

と想いが燃え上がったのです。その日の午後には国連英検を取得するための英会話スクールを探し、3日後には入会していました。この時はCAになる夢が姿を消し、ようやく使命が見つかった想いで毎日英語の勉強に打ち込みました。

　そのうち、国連職員になることがいかに大変であるかを知り、心意気はあっけなく消えてしまいました。

　UNHCRへの夢が儚く砕けてしまった私がまたしても思い出したのが、CAになる夢でした。自信のない私が採用試験を受けるなんて、と悩んでいましたが、仲の良い友人がCAになりたいと率直に話す姿に感動してしまいました。

「自分の容姿に自信は持てないけれど受けてみるのは自由だ」
「私に向いていないなら落とされるだけ」

と思えるようになり、ようやくCAへの夢のスタートラインに立つことができました。コンプレックスの塊で、誰にも夢のことを話せなかった私が、「なろう！」と覚悟を持てたことは褒めてあげたいです。

　みなさんはいかがですか？　夢を叶えたいと思っても、チャレンジする前から「無理」と諦めてしまう方も多いのではないでしょうか。本当は叶えたいのに見ないようにし

て、代替案を選ぼうとすることは、誰にでもあります。それでも昔の夢がひょっこりと顔を出すなら、それはまだその想いが、一生懸命消えないように燃えている証拠です。その炎を消さないようにしているのも、他でもない自分自身です。

　みなさんにも、ただまっすぐにCAになりたいという想いに従って、歩んでいただきたいと願っています。

④
自己流のエアライン対策で面接が苦手に

　CAになろうと決意した私ですが、どうやったらCAになれるのかが全く分からず、情報収集からスタートしました。周りの多くの受験生はすでにスクールに通い、着実に対策を進めていました。

　しかし私は、地方出身で、大学を浪人し私立大学へ進学したので、これ以上親に経済的負担を頼むことはできないと思い、スクールは諦めました。国連職員になるために英会話スクールに入会した時に、学生ローンを組んでいたので、これ以上自分で支払うこともできませんでした。

　このような理由で、自力で挑むしか方法はなく、大学の

就活セミナーやエアラインセミナーに参加し、CAを目指す人のバイブルである『エアステージ』を毎月購読して、対策を行いました。

エアラインスクールに通えばいろんな情報も入りますし、面接時のマナーや入退室の所作、ヘアメイクに関しても学べます。

何よりもCAを経験した講師がいて、生の情報を直接得られて、CA受験対策の面接指導を何度も受けることができるので、通えないことにかなりハンデを感じていました。

とはいえ、通えないものは仕方がないので、やれることをやるしかなかった。

所作やメイクに関しては『エアステージ』を参考に友人と練習し合いました。ただ、面接対策は、自己流でやみくもに行ってみましたが、なかなかうまくいきませんでした。

私の通っていた学部は、航空業界を目指している学生は少なく、大学の就職セミナーも航空業界に特化したものがあまりありませんでした。

それでも内定が取れることを証明しようと、自分のできる範囲の対策をしていました。

初めての就活は右も左も分かりませんでした。自己分析では20年そこそこの自分史を眺めてみるものの、自分と

いうものが全く理解できず、強みを見出せませんでした。

　それでもどうにか就活を乗り切れたら問題ないだろうと、そのうち諦めが勝ってしまいました。

『エアステージ』を読んで、書かれていることをそのまま暗記し、希望の航空会社のサービスをただ比較して「どこが違う」「どっちがいい」と評論家気分でした。

『エアステージ』の活用方法は７年間、ほぼこのような感じで、飛行機の知識やサービスの違いを知ることだけが企業研究だと思い、それぞれの会社の目指す方向性や想いを見出せませんでした。

　毎月『エアステージ』を購入する自分に酔い、立派に受験生をしていると満足していました。

　こんな就活だったので、面接は苦手でした。自己 PR も自己紹介も苦手。

　志望動機をどう書いたらいいのか分からず、大学の就職セミナーで面接練習に参加しても、指摘されることに落ち込みました。

　スクールに通っていない私が、講師に直接面接指導を受けるためには、ブログで知り合った方の練習会に参加するくらいしか機会がありませんでした。

　ブログでスクールを開校していた CA 受験専門講師のオ

Chapter I　ポンコツな8年の受験生活で気づいたCA受験に大切な教訓とは

フ会や面接練習会に参加したこともありました。

　でもとっても緊張してしまい、全くうまくできず、さらに落ち込みました。

　面接なんて私には無理だという不安と諦めがどんどん膨らんでいきました。

5
受験に対する甘さがチャンスを無駄にする

　自分なりにもがきながらも、新卒の就活ではJALもANAも書類選考は通過して一次面接に進むことができました。そんな奇跡的な経験もしましたが、企業研究も自己分析も中途半端な私は、その先の面接を突破することはできませんでした。

　あの頃は難しいと思われていたディズニーランドの面接も合格した経験があったので、「面接官の心さえ掴めたら大丈夫」といった甘い思いがあったのだと思います。

　JALの一次面接では行ってみたい場所を尋ねられましたが、**就航都市を知っているか確認するための質問だと考えが及ばず**、本当に行きたい場所を答えて、就航都市ではないと知らされると笑って誤魔化してしまったのです。

こうして JAL の採用試験は一次面接で不採用となりました。

　もちろん、この１つの質問が全ての原因だとは思いませんが、一因ではあったのでしょう。

　一緒に面接を受けた受験生にも気配りができませんでした。

　受験生二人と私で面接の順番を待っていたのですが、そのうちの一人が極度の緊張からそわそわしていました。それが分かっていたのに、「大丈夫？　一緒に頑張ろう！」の一言をかけることができませんでした。誰かがうまくいかなければ、少しでも自分にチャンスが回ってくるのではないかと、そんな自分勝手な考えがよぎってしまいました。

　受験に対する甘さと他者への思いやり不足、自己分析や企業研究の重要性の認識不足、おそらくそれらが原因で新卒の時に CA になることはできませんでした。

⑥

「新卒」は無理でも「既卒受験」がある！

　CA に内定が出ずに諦めていた私ですが、大学４年生の就活終盤に株式会社 JAL スカイ（以下 JAL スカイ）の秋

採用の募集が出ました。

実は春の募集で一度受けていて、一次面接に呼ばれていたのですが、途中でホテルの内定をもらっていたので、選考を辞退していました。

「CAになりたいけれどなれないならGSでもホテルでも変わらない」

という判断をしてしまったのです。

それを後悔していたところに秋の募集が出たので、

「やるだけやって納得してからホテルで働こう」

と再度挑戦してみることにしました。ほとんど諦めていたので、少し開き直りにも近い状態で受験をしましたが、結果、内定をいただけました。

面接の意図を理解できていないのに、なぜGSは内定がもらえたのだろうかと、疑問に思われる方もいるかもしれません。おそらく、採用試験までに面接の場数を踏んできたことと、内定が出ている安心感もあり、**ありのままの自分で面接に臨めたのが、乗り越えられた要因**だと感じています。

新卒採用ではCA受験は失敗してしまいましたが、**卒業して社会人になってからでも、既卒受験で内定を掴むチャンスはまだあります。GSからCAに転職する人も他業種から**

転職する人も多い、というのも聞いていました。

　実際、GS として就職した同期が 200 名近くいましたが、私の知る限りそのうち 20 名ほどが既卒受験で CA に挑戦していました。**仕事のスケジュールと採用スケジュールがうまく噛み合えば既卒受験は可能**でしたので、どんどんチャレンジしていくことを卒業と同時に決意しました。ここから 7 年間、募集が出ないか確認する日々が始まりました。

7
社会人経験を活かせない 7 年間

　晴れて大学を卒業し、春から成田国際空港で地上職として社会人人生をスタートさせました。CA にはなれませんでしたが、JAL スカイに入社できたことはとっても嬉しく、胸がときめきました。その一方で、CA も出入りするオペレーションセンターで初期研修を連日受けていたので、CA がフライトに出かける姿をいやでも目にし、毎日羨ましかったです。

　GS として働けた経験は大きな財産になりました。仕事は大変ではありましたが、飛行機を定時に出発させることへの達成感がありました。先輩後輩、同期に恵まれて、充

実した毎日を過ごしていました。

　なので、CA受験をやめてしまおうかと何度も思いました。

「JALグループに入れているのだからこのままでもいい」

　と満足し、勉強や対策をしない日も多かったように思います。航空業界で仕事ができていることで、本気でCAになろうとしない自分になっていました。

　ゲート業務を担当していたので、CAの方々とは毎日関わり合いがあり、その度に、

「なぜ私は飛行機を見送る側なのだろう」

「いつも機内に乗り込めない」

　と苦しかったです。毎日のようにCAを身近に感じ、羨ましく思っていた割に、受験の「本気スイッチ」を押しきれず、本腰を入れることができませんでした。

　苦手なTOEICの勉強もSPIの勉強も、募集が出ない時もコツコツと取り組まないといけないことは分かっていましたが、モチベーションが保てずできませんでした。

　GSとして経験したこと、成長したことでの学びを反映しないままでした。毎日の気づきをノートにまとめもしない。日々の経験を全く受験に活かそうとしない日々を過ごしていたので、表面的なエントリーシートしか書けませんでした。

いつしか採用情報が出てはエントリーシートを作業的に送る。出しては落とされ、私はエントリーシートで落とされる女だと諦め、7年間は問題点を見出すこともなく、これをずっと繰り返していました。

8
いつまで夢を追いかけるべきか

2010年1月19日に会社更生手続を申請し、JALは事実上倒産しました。戦後最大の負債を抱えた倒産でしたが、京セラの創業者である稲盛和夫さんがJALの会長に就任し、再建に尽力してくださいました。稲盛さんが経営人生の中で大切にしてきた考え方、理念、行動模範でもあるフィロソフィ（哲学）を基盤とした「JALフィロソフィ」を掲げ、少しずつ教育が行われていきました。

倒産から2年ほど経った頃、いよいよ航空業界から一旦退いた方がいいのではないかと思うようになりました。このままCA受験を続けていくにしても、航空業界しか知らないよりは他の業界のことも経験した方が役に立つのではないかと考え、約4年間従事したJALスカイを退職しました。

4年という短い間でしたが、本当に人に恵まれた環境でした。GSとしては最高に楽しい時間を過ごせたので、CAになれる前にGSを経験してよかったです。

　航空業界以外でやってみたい仕事の一つが販売の仕事でした。もともと革製品が大好きだったこともあり、革のバッグや靴を販売する会社の販売員として転職しました。約2年間販売員を経験したのち、次に興味を持った英会話スクールのカウンセラーへと転職しました。私もついに30歳が目前に迫っていました。

　社会人になり、転職を重ねてきた間もずっと、CA受験は続けてきました。休日と採用試験の日程が合う時もあれば、仕事と重なり泣く泣く諦めたこともありました。

　とはいえ、多くの挑戦がエントリーシート落ちという結果を繰り返していたので、なかなか思うように進めずにいました。実際に数えたことはないですが、相当数挑戦してきたと思います。

　英会話スクールに転職した時点で受験も8年目を迎えました。

　一体いつまで続けるのだろうか。

　終わりがないからこそ、どこをゴールにしたらいいのか分かりませんでした。

私が新卒の2007年頃は受験条件が30歳までだったの
が、**気がつけばいつしか年齢制限がなくなっていました。**
2006年に男女雇用機会均等法が改正され、合理的な理由
がない限り求人広告に年齢に関する制限が掲載できなく
なったからかもしれません。

　年齢制限がなくなり、いつまで受験を続けるのか、さら
に悩みました。当時勤めていたカウンセラーという仕事
はやりがいがあり、もしCAになれなかったらこの仕事を
続けようと思えるくらい充実していました。だからこそ、
CAになるという夢に区切りをつけないといけない気がし
ました。

⑨
「毎日、日記を書いてみたら？」

　本当にやめるなら、悔いのないように終わらせよう。そ
う思ったきっかけもありました。自分にいつか孫ができた
時、
「おばあちゃんはね、昔CAになりたかったけどなれな
かったの」
　そんなふうに話している映像が浮かび、この未来は絶対

いやだと思ったのです。「おばあちゃんになってまで、CA という呪縛に縛られる人生なんていやだ！」

「もういい加減本気にならないとダメよ、私！」

「ここで本気を出さないでどうするんだ！」

「今こそ夢を叶えなくては、そんな未来しか選べない」

　そう鼓舞し、国連職員になる夢を持った時のように、**エアラインスクールへ駆け込み、入学を決意**しました。

　エアラインスクールでは、私のような 30 歳手前の生徒はおらず、ほとんどが新卒受験を控えている大学生でした。私が GS 経験者ということもあり、質問を受ける側になることもあり、元 GS であることで、

「できる自分にならないといけない」

「面接練習で褒められないとダメだ」

　と、勝手に追い詰めて正直苦しかったです。まだまだ自分にはプライドを捨てられない部分もあったのでしょう。

　航空業界にいたのに、そんな回答しかできないのかとガッカリされることも、そんなことも知らないのかと思われるのもいやでした。スクールに入ればうまくいくと思っていたのが、思わぬ精神面での苦しさを味わいました。しかし、現状を変えるべく、できるだけ毎日のようにスクールに通い面接練習を繰り返しました。

振り返ると7年の間、普段からTOEICの対策やSPIの練習、企業研究や面接練習をコツコツとするような受験対策はしてきませんでした。毎年挑戦しているのに、ブラッシュアップもせず、それでもいつかは叶うかもしれないと期待し夢を見続けてきました。

でも、やることは同じで、『エアステージ』を読んでは情報収集をして、分かった気になっていた。

航空業界に身を置いた経験を活かせず、**エントリーシートが通過しないのはなぜか、問題点を探すことも見返すこともしなかった。**うまくいかなかったらエントリーシートを即破棄し、選考に通過できない改善点を見つけることから逃げていました。

自己分析も同様に、大学生で一度作成したものをアップデートもせず使い続けていました。当時満足できるまで深掘りできていればよかったのですが、未完成のままの自己分析を7年間使ってきました。

ただ応募することが毎年の恒例になっていただけ。8年間もCA受験をしてきたなんていうと、8年間頑張り続けたように思われるかもしれませんが、お粗末なものでした。もし褒められる点があるのなら、**いい意味でも悪い意味でも諦めなかった。**ただそれだけです。

でも、8年目の1年間は胸を張って頑張ったと言えます。仕事はシフト勤務だったので、早番の後はほとんど**毎回エアラインスクールに通い、面接練習に参加**しました。

しかし、私は7年という社会人経験があるにもかかわらず、面接で話せるネタがない。**既卒受験では、志望動機の他に、今の仕事への取り組みや経験、そこから学んだことを聞かれることが多かった**のに話せなかった。一生懸命仕事に取り組み、苦しいことも嬉しいこともあり、一つずつ丁寧に取り組んできたはずなのに、面接になると出てきませんでした。

スクールで一緒に練習する他の生徒さんが素晴らしい回答をされ、講師に褒められていたらメモをして私も同じようにやってみるのですが、そもそも自分の本当の想いではないので、全く伝わりませんでした。

そんな時に、先にCAの夢を叶えた友人に相談してみました。

「面接でうまく私らしく話せない」

と。私にはエピソードもないし、何を伝えたらいいのかも分からないことを。

友人は、

「毎日、日記を書いてみたら？　思ったことを全て書き出し

てみるといいよ」

　とアドバイスしてくれました。この時は分かっていませんでしたが、**日々の思考を書き出すことの重要性**をのちにはっきりと理解し、これが何よりも私の受験の勝因になりました。このことについては Chapter V とワークでお伝えします。

　30 歳というリミットを迎えている私にはもう時間がない。やれることをやり尽くすしかない。そこから内定をいただけるまでの 1 年間、とにかく自分の思考したことを全て書き出すことにしました。

　朝、通勤しながらふと思ったことや、仕事で感動したこと、失敗して悔しい思いをしたこと。ただその時の想いを書き出すだけではなく、そこから何を学んで、次に活かすにはどうしたらいいのか、一つの物事から考えられることを全て書き出すようにしました。

　遅番の時は早く仕事場に行き、近くのカフェでノートを書いてから出社する。早番の時は、エアラインスクールに行き、その帰宅途中にさらにカフェに寄ってノートを書き、帰宅後も自宅でノート時間を持つ。帰ったら、

「休みたい、何もしたくない、明日でもいいか」

　と甘えが出るのは分かっていたので、頑張れそうにない時

はカフェに寄る時間を組み込むようにしていました。

　これをひたすら１年間行いました。すると**物事を考える時に、**

・私ならどう考えるのだろう

・これはなんで良かったのか、悪かったのか

・そこからどんなことへ繋げることができるのだろうか

と、自然と「思考の動線」が出来上がっていったのです。

　自分は、

「こういうことは得意だけど、こういう場面では苦手を感じる」

　ということにも気づけるようになりました。

『エアステージ』の読み込み方も変わりました。以前のように文字を読むだけはではなく、たとえ同じワードでも、各航空会社がその言葉に込める想いの違いに気づけるようになりました。

「この会社の目指すところが、私の大切にしているものと一緒だから共感できる」

　など、自分と対比しながら企業への理解ができるようになりました。

　面接前には質疑応答の練習も繰り返しますが、本番で同じ質問が出るとも限りません。しかし、**普段から「自分の想い」に向き合ったおかげで、想定外の質問が来たとしても、**

自分の経験と考えに基づいた、完全にオリジナルの回答ができるようになりました。それが何よりも内定をつかめた勝因ではないかと感じています。

　8年目とそれまでの7年間を比べても面接練習や対策の質は全く違うものでした。もっと早い段階で気づいていたらまた違った未来があったのでしょうが、きっと私にはこのポンコツだった受験期は必要だったのかもしれません。

10
CAになっても苦難はある

　また航空業界に戻れたこと、夢だったCAになれたことは、本当に嬉しかったです。航空業界のことを知っているといっても、CAの業務は初めてでしたので、訓練も本当に大変でした。多くのことを2週間程度で頭に入れて、緊急時の対応を叩き込む。寝る間も惜しんで訓練期間を終えました。

　今でも覚えているのが、初めての実機訓練です。飛行機が離陸する際に私の座るクルーシート（CAが離発着時に座る座席）の左横に小窓があり、そこから外が見えました。滑走から離陸と一気に機体が浮いた時、

「あーここに座りたかった。ずっとこの景色を見たかった」
と感動してしまいました。

　晴れて CA になれた 2016 年は本当に充実していました。
社会人になって初めて受験を気にしない日々を過ごし、自
分の趣味を見つけて休日を楽しむ。こんなにも幸せなこ
とってないなと心から満足していました。やりたかった仕
事ができて、大好きな飛行機にも乗れる。諦めずに頑張っ
て良かったとかみしめる日々でした。

　私は既婚で入社をしていたので、CA になって 2 年目に夫
の転勤で関空ベースへと異動しました。その後子どもを出産
し、育児休暇を経て時短勤務でフライトに復帰しました。

　復帰して 3 年目、新型コロナウイルス感染症が蔓延し、
世界が大きく変わりました。CA になって 7 年目のことで
した。

　せっかく掴んだ夢だったので、定年まで働きたいと、50
代の先輩の姿を見ながら思い描いていましたが、その年の
8 月には関空ベースの閉鎖が決まり、成田へ異動するか希
望退職をするか、どちらかしか選べない状況になりました。
もちろん続けたい、辞めたくないという想いでいっぱいで
したが、まだ 5 歳の息子を置いて一人出稼ぎのように成田
に行く覚悟は持てず、泣く泣く希望退職しました。2020

年11月に CA を失業しました。

11
敗因はマインドにもあった⁉

　CA を失業して１年ほど経った頃、改めて自分と向き合う機会に恵まれ、**８年間自分で自分を苦しめていたマインドがあったことに気づきました。**

　そこでマインドコーチと共に価値観の見直しをしてみました。一つの言葉に対して、最初に持っていた思い込みを洗い出し、それが本当に私の大切にしたい想いなのか、違ったとしたら本当はどんな想いがあるのかを、丁寧に掘り下げました。

　例えば「美しさ」を取り上げたとします。それまでは美しさに対し、

「痩せていること、容姿がいいこと」

　という思い込みがありました。でも本当は、

「笑顔に溢れて、どんな自分をも愛せ、内面から湧き出る幸福感を纏うこと」

　これが私にとって求めている美しさでした。

　文化や社会的背景、経験などいろいろなしがらみから、無

意識に思い込んでいること、本当は違った自分の想いがあることに気づきました。

これを毎日繰り返して深掘りをすることで、ようやく自分の想いに触れることができ、

「こんなふうに生きていきたい」

「もっと私のど真ん中を生きていきたい」

と思えるようになりました。

また、その期間にコーチングを利用して、苦しい思いの「棚卸し」もしてもらいました。

コーチングを行うことで、これまで見えていなかった思考の癖を知り、今悩んでいること、モヤモヤしていることを整理することで、本当の悩みの種を見つけることができました。

例えば、新卒の頃のJALの面接シーンが何度もフラッシュバックし、CAになる夢を叶えたにもかかわらず、あの時JALに内定をもらえていたらもっと違う人生だったのではないかと後悔に襲われることが度々ありました。

「私は容姿が良くないから通過できなかったのだ」

「どうあがいても仕方なかったのだ」

「自分に落ち度はなかった」

と思い込むようにしていた。

本当の原因は対策不足、面接の練習不足、企業研究不足だったのに、目を逸らしたかった。目を向けてしまうともっと情けなくなるから、容姿のせいにしておけば「仕方ない」と納得できたのです。

　こんなふうに私たちは自分の本来の悩みを都合よくすり替えてしまうことがあります。本当はこうしたいという想いがあるのに目を向けようとせず、何かのせいにして批判することで解決しようとします。

　マインドコーチのもとで、自分の心と向き合った結果、過去の失敗に引きずられ、あきらめてしまう自分がいることに気づき、

「本当はどうしたい？」

　を突き詰めた先に、

「私のままでいい」

「私を大切に自分の人生を歩んでいきたい！」

　という想いがあった。

　8年間のCA受験がうまくいかなかった要因の一つは、自分の行動を制限してしまうマインドだったのです。

12
マインドコーチとして伝えたい想い

CA受験はTOEIC対策にSPI、面接練習、企業研究、そして自己分析とやるべきことが多く、本当に大変です。TOEICやSPI対策などは比較的やればやったなりの結果が出せるのですが、面接練習や企業研究、自己分析は正解がないからこそ、どこまでやればいいか分かりません。

そこで大切なのが、自分の思考と向き合い、日々分析することです。自分がどんなことに気づき、どんな学びを得ているのか、どんなことを大切にして仕事をしているのか。**思考を強化することが面接練習や企業研究、エントリーシート作成に大いに力を発揮**してくれます。

この思考の土台ができていないのに、ただ面接の練習を行うのも、企業研究や情報収集をするのももったいない。**土台ができていない方ほど、「受かる回答」を探そうとしてしまいます。**それを知識として知っていたとしても、自分の経験から出した答えでない限り、面接の本番ではボロが出ます。本当にあなた自身が思っていないことは面接官には伝わります。

かつての私のような受験生に、

・**自分の思考にしっかり向き合うことの大切さ**

・**自分を苦しめる思い込みを前向きな考えに変える必要性**

を伝えていくことが使命だと、CA受験のマインドコーチ

として始動しました。

　まだまだ私の講座を受講してくださる方の分母は小さいですが、受講いただいた方は、思考を変え、いろんな角度で物事を見る力を鍛えています。**「思考の筋トレ」**と言ってくださる受講生もいます。ご自身を縛り付けている価値観を見直し、本当の想いに気づく方もいます。

　自分に自信がなくて、CA受験を諦めようとしていたけれど、自分の価値に気づき、

「ここがスタートラインだ！」

　と前向きになってくださる方もいます。試験がうまくいかない時も前向きに再挑戦してくださる方も多いです。

　その姿を見て改めて、**考え方次第で人生そのものを前向きにすることができる、自分を信じることで人生を望むように切り拓くことができる、**と実感しています。

　知りたい方は、ぜひコーチングも受講してみてください。

　次の章ではCA受験を乗り切るためのマインドについてご紹介します。

Chapter II

CA受験を乗り越える
マインドセット

Chapter II　CA受験を乗り越えるマインドセット

13
受験に大切なマインドセットとは？

　マインドセットとは、心理学用語で「個人の考え方や物事の見方・捉え方、行動パターン、固定観念」を意味します。
　ご自身の固定観念や物事の捉え方を変えることも、受験対策と同様に大切なことです。
　CAという職業に対する憧れが強ければ強いほど、CA受験とはこうあるべきという思い込みや、受験の難しさから生まれる自己否定などに苦しめられます。
　そんな思考に気づき、物事への見方や捉え方を変えることで前向きな受験にしていただきたい。
　その上で、マインドセットはとても大切な要素になります。

14
マインドセット〜自己分析がなによりも大切〜

　かつての私はCA受験とは「受験生同士の知識合戦」と考えていました。情報を知って、回答を覚えきれば受かるものだと思っていました。

飛行機の知識をつけて、サービスの内容を評論家のように言えるようにすることを目指していました。

　みなさんもこういうものだと思っていませんか？

　情報を集めて、面接で話ができたら、受験は乗り切れると思っていませんか？　自己分析をおろそかにしていませんか？　私はそうでした。

　単に自分の数年の歴史を振り返り、

「どんなことがあったのか」

「ここでは成果を出せた、出せなかった」

　と、結果だけを書き出していました。

　でもそこには、試行錯誤した経緯があるはずです。スムーズにいったこともあるでしょうし、結果は良かったけれど実は苦戦したのかもしれない。いろんな思考や学びがあるはずなのに、自己分析ができていませんでした。

　それができていたら、一つの出来事から自分の弱みや強み（傾向）、学び、大切にしていることを容易に見つけ出せていたはずです。

　ですが、当時は自己分析の意味が全く分からず、

「大した人生を送っていない」

「自分には強みも学びもない」

「目につくのは弱みばかりだ」

と、思っていました。

自己を深掘りする方法はいろいろあると思いますが、**感情を大きく揺さぶられたことや、思い出に残っている出来事を一つずつ紐解けば、自分の思考の癖や大切にする想いを見つけることができます。**

その工程を省いてしまうと、面接で想定外の質問をされた時に、たちまち言えなくなってしまうのだと思います。

就活をする上でも、自分の考えをまとめる上でも、自己分析は大切な行程です。企業研究や面接練習をする前に、まずは土台作りとして取り組みましょう。

CA受験を「自分を知る機会」として、ぜひ大切に取り組んでほしい。

人として厚みのあるCAになりたい方は、一度自分と向き合ってみてください。一緒にマインドを整え、CAになる夢を叶えましょう。

15
あなたらしく人間力を表現

面接で聞かれる内容は、昔と今で大きく変わったようには思えません。

しかし実際に試験を受けた方の話を聞いたり、『エアステージ』で採用担当者のコメントを読んだりすると、以前よりも**自分が何を感じてそこから何に気づいたのかを企業側もより詳細に聞きたい**のではないかと感じます。

「自分の言葉で自分らしく表現してほしい」

　そんなコメントをよく目にするようになったなと。私が受験していた時は、もっと「CAとしての正解」を求められていた気がするのです。

　なぜこのように変化したのか。

　この間の大きな変化として、新型コロナウイルス感染症の蔓延という未曾有の事態があります。

　当たり前が当たり前でなくなり、日常もガラッと変わりました。

　私たちの意識も変化し、コロナ禍という状況をどう捉えてどう人生を歩もうとしたかで、それぞれの明暗を分けたように感じます。

　不自由さに打ちひしがれた方も、不自由と捉えず小さな歩みを進めてきた方もいることでしょう。

　私にとってはコロナ禍でCAを失業したことがいちばん大きな出来事でした。

「一生懸命叶えた夢なのにコロナ禍で失業するなんてかわ

いそう」

　と、同僚や友人、家族に思ってほしくなかった。何よりも自分自身が思いたくなかった。

　なので、

「この状況を不幸な出来事にするかどうかも、自分の歩み次第だ」

　と、鼓舞してきました。

　航空会社もこの感染症は本当に大変だったと思います。

　運航ができない日が続き、どう売上を確保し、企業として存続させるのか、飛行機が飛ばない状況下でできることは何かと奮闘したそうです。

　他の会社へ配属され、全く違う畑で仕事をした方もいらっしゃいました。

　雇用を守るだけが目的ではなく、いつかまた航空業界が活気に満ちる日を信じ、

「業界以外での経験や知識が会社の繁栄になる」

　と、希望を見出そうとしたのではないかと思います。

　常識が通用しない不自由さの中で、一人一人の社員が自ら考え道を切り拓く、そんな時期があったからこそ、これから入社する社員に対し、

「自ら模索し、答えを導き出せる人材であってほしい」

と、より実感したのではないでしょうか。

面接でも、「どう思考を巡らせるのか」という姿勢が大切にされるようになり、その結果、

・あなたが普段から何を考えてどう捉えるのか

・小さな変化にも気づきを得られるのか

・自分の想い、他者との違いを大切にできるのか

・困難の中にも光を見つけることができるのか

といった、「人としての生きる力」を問うようになったのではないでしょうか。

そして会社というブランドを共に作り上げつつ、自分という軸をしっかり持ってほしいのだと思います。

JALフィロソフィにもありますよね。

「一人ひとりがJAL」

まさしく**人間力のある方と共に会社を作り上げていきたいという企業の姿勢**が伺えます。

こんな今だからこそ、自分の思考を大切にしてしっかり分析する力をつけてほしい。自分の本音に踏み込んで自分が作っている制限をはずしてほしい。

不自由さを作っているのは、いつも自分自身です。

きっとこれからも未曾有の災難はやってきます。

それでも、その状況をどう捉えてどう活かすかを考えら

Chapter II　CA受験を乗り越えるマインドセット

れる人材が、航空業界でも求められていくと思います。

16
全てが内定の糧になる

　みなさん「『今』を意識して」と言われたら、どこを意識しますか？

　きっと、みなさんの意識は「CA受験と内定」にいきがちだと思います。でも、受験にばかり意識を向けてしまうと、「今」が蔑ろになってしまいます。

　そうすると受験以外のことが疎ましくなり、どうでも良くなりがちです。

「私はCAになる！」

「なれたらこの仕事はどうせ辞める」

「とりあえず適当に過ごそう」

　そんなふうに少しでも思ったことがある方はいませんか？

　私は恥ずかしながら、8年間のほとんどをそう思って過ごしてきました。

　こんな日常の過ごし方をしていると、自分の信念が分からなくなり、本当は何がしたいか迷子になりました。

　ようやく8年目に差し迫る頃、これではダメだ、企業研

究や面接練習をしていたら受かるものではなく、「**今**」という瞬間から何を学べるか、何を感じ取れるかが大切だと、やっと気づきました。

　そこからの私のスイッチの入り方は違いました。

　どんな日常もどんな瞬間も、私の面接の糧にしていこう。**自分の感覚をもっと鋭くして、何に心を動かされるのか、自分の意見を掘り起こす作業をくまなく行いました。**

　仕事中、失敗したことも褒められたことも記録し、休憩の合間に、

「そこから何を学んだのか？」

「反省点や改善点は？」

「自分は何をどう感じたか？」

　など、全てノートに書き出して、分析をしました。

　気づいたら1冊分ほどの思考ノートが出来上がっていました。これをするようになってから面接練習でも褒められるようになり、

「そのまま伝えきれたら大丈夫！」

　と、太鼓判を押していただけるまでになりました。

　この積み重ねのおかげで、本番では想いを深く伝えることができ、無事に内定を掴むことができたのだと思います。

　みなさんにはCAになることをゴールに置きつつも、今

の仕事に精一杯向き合ってほしい。

・**仕事にどう取り組むか**

・**仕事から何を学んでいるのか**

これらに隅々まで意識を向けて分析し、自分の成長や強み、価値をどんどん見つけ出していただきたいです。

それが結局のところ、面接でもエントリーシートでも、自身をありのままに表現できる糧になります。

「今」を大切にせずして、CAになった時、仕事への取り組みを大切にできるのでしょうか。

いろんなことに目を向けて関心を寄せることは、CAになってからも必要です。

お客様との会話の中で、ご自身の学びや感性が役に立つこともあります。その空間作りがサービスへと発展して、お客様に最高のフライト時間を提供することができるのです。

CAの夢が叶わず、異なる業種に就職していたとしても、せっかく就いた今の仕事、そこからの学びは受験にも大きな肥やしになります。

全てが内定の糧になります。「今」この瞬間をもっと大切にしてください。

17
思考を可視化して「気づく力」を育てる

先日、久しぶりに『エアステージ』を購入しました。以前と異なり、どの言葉にそれぞれの会社のどんな想いが込められているのかなど、思考を巡らせるようになっていました。

例えば、制服の紹介ページを読むことで、会社がどんな想いで制服を作り、どんなことをお客様に伝えていきたいのか、会社の方向性や挑戦する姿勢に気づくことができました。

昔の私は『エアステージ』をうまく活用できていなかったことを改めて思い知りました。

せっかく会社の想いや方向性、チャレンジしていきたいことが書かれていたのに、それに気づけていませんでした。

私たちが企業研究をしていく中でどんな気づきを得るか。それを分かりやすく面接官に伝えられるかが何よりも大切です。

みなさんには「気づき」を大切にしてほしい。

「気づき」とは、誰かに答えを与えられるものではなく、自分なりの答えを見つけていくこと。思考を巡らせて自分の想

いや考えに気づくことだと私は思います。

　正解なのか違うのかジャッジするものではなく、あなたならどう考えるか、その視点が大切です。

　ぜひ、みなさんも今一度『エアステージ』を読む視点を考えてみませんか？

　・会社視点／私視点で考えたらどうだろうか？

　・自分が大切にしている軸は？

　・会社の大切にしている軸は？

　・この言葉に込められた想いは？

　これらを深く考えてみてください。

　同じ言葉でも会社によって、込められた想いは異なります。

　よく目にする「おもてなし」一つとっても、JALとANAでは異なります。

「あなたの思うおもてなしとは何か？」

　を、明確にする必要もあります。その上でJALのおもてなしとANAのおもてなしを知ることで、やっと比較ができるのです。

　JALやANA以外の航空会社に対しても、「おもてなし」に込められた想いをぜひ考えてみてください。

『エアステージ』に限らず、日常の中でも考える癖をつけましょう。

例えば人の想いに触れた時、その想いに反感を持ったり感動したりするだけではなく、その人の心情を分析しながら、

「自分の想いも果たして同じなのだろうか」

「違うのだろうか」

　と、いろんな立場から物事を考えてみる。

　何気ない通勤時間で、「幸せだな」と感じる時、

「なぜ幸せなのだろうか」

「どんな部分に幸せだと感じたのだろうか」

　と想いを分析してみる。

　こんなふうに、思い立ったことや直面した出来事を、分析してほしい。

　私たちは毎日いろんなことに思考を巡らせています。

　しかし、それを可視化しないと忘れてしまいます。

　せっかく日々いろんなことにアンテナを張っているのなら、それをノートに書き出す。感想はその都度書き起こしておくなど、思考を文字起こしすることがとっても大切です。

「気づく力」がついた時、CA受験のその先の人生や家族、友人、同僚、子育て、いろんな物事をニュートラルに見られるようになり、もっとあなたらしい人生を歩めるように

Chapter II　CA受験を乗り越えるマインドセット

なります。

　常に気づこうと意識をすることが大切です。思うだけでは習慣化できません。普段からできるように、巻末のワークを活用してみてください。

18
辞書では分からない言葉のいろんな意味

　「金太郎飴」ってご存じですか？　芸術作品だと思えるほど素晴らしい飴ですよね。どこを切り取っても同じ金太郎さんが出てくるのですから。

　金太郎飴のように、いつも同じような見方をしていませんか？

　あるいは誰かが「こういうものだ」と言ったことを、そのまま鵜呑みにしていませんか？

　言葉には必ず意味があります。辞書を調べたら、だいたい同じ意味が載っています。

　学生の試験対策なら、言葉の意味をそのまま覚えていればよかったのですが、生きていると、言葉の本来の意味にさらに感情や価値観も追加されていきます。

　言葉に込められた想いは人によって異なります。しかし、

一般的な意味から、「こうあるべき」という思い込みが強くなり、自分の大切な想いに気づきません。

　例えば、「豊かさ」とは、

「お金があること」

「モノをたくさん持っていること」

　といった、自分の中での思い込みがあるとします。

　これまで生活してきた中で、いろんなところから得た情報や経験から、「豊かさ」とはこういうモノだと思ってしまっているのです。

　では、

「本当にそれが自分の想いにも一致しているのか？」

　と考えてみる。

　すると、「豊かさ」とは、

「健康であり」

「家族との時間が十分あること」

　これが、私にとっての大切な想いであり、価値観でした。

　この価値観は、他者とも違うでしょうし、違って当たり前。違うことに不安になる必要もなく、どの考え方も大切な想いとして受け取ればいいのです。

　そのために、いろんな角度からどんな想いがあるのか思考を巡らせてほしい。

では、CA 受験においてはどのように思考を巡らせてみるか。

みなさん JAL や ANA にどんなイメージがありますか？

あくまで私の見解になりますが、JAL は歴史やイメージから「伝統」、ANA は SNS の投稿や成り立ちから「挑戦」をイメージしました。

そもそも伝統って？　挑戦って？　みなさんはどんなことをイメージしますか？　ぜひ書き出してみてください。正解はないので、まずはあなたがこれらのワードをどう捉えているのかを明確にしてみましょう。

例として私の場合を挙げます。

「伝統とは」

・大切にしているものを守り抜くこと

・大切にしつつ形を変えながら伝えていくもの

・縛られることなく受け継ぐこと

「挑戦とは」

・苦手なものに飛び込んでみること

・可能性を信じること

・新たな自分を見つける行動

みなさんはいかがでしょうか？

では、JAL や ANA が意図する伝統や挑戦ってなんでしょう？

企業研究を進める上でも、とても重要な課題です。

あなたにとって大切にしている想いを整理した上で、企業が込めている言葉の真意を考えましょう。

そのために会社の歴史を紐解く必要もあるでしょうし、ビジョンやミッション、サービス、取り組みも調べる必要が出てきます。

また、あなたにとって挑戦が大切か、その挑戦とはどんなものかまで、しっかり突き詰めて考えましょう。

なんでも新しいことに攻めていく挑戦が好きなのか、大切なものを守りつつどう受け継いでいくか、時代に合わせて挑戦することが好きなのか。会社を選ぶ上でも違ってきます。

自分の価値観を明確にして、

「自分の想いと一致する会社はどこなのか？」

「共感できるビジョンを持つ会社はどこなのか？」

それを探していただきたいです。

言葉が同じでも、そこに込めている真意は企業によって違います。

この会社は何を意図してこの言葉を使っているのか、分析することは、とても大切です。

金太郎飴のようにどこを切っても同じという思考は卒業し、言葉には辞書の意味に捉われないいろんな意味があることを意識し、自己分析と企業研究を行ってください。

19
本命以外の航空会社を研究

世の中にはたくさん未知の領域があります。

それに対して知ろうとした自分と知ろうとしなかった自分では、未来は変わっていきます。

CA受験でいえば、ANAやJALの採用には興味を持つのに、他の航空会社は自分の目指す会社ではないからといって、知ろうとしない。結果、分からないから受験に挑戦することもしない。

大手を目指すという意欲は大切です。何事も上を目指すことで自分の限界だと思っている以上の力が発揮できるものです。可能性を狭める必要はありません。

私も、大手に就職したいと思っていました。でも、最終的に内定をいただけた会社はANAやJALではありません

でした。

　8年目に意識を変え、他の航空会社にも目を向けるようになりました。

　その頃は、英会話学校のカウンセラーをしていて、多くの外国人講師と仕事をしていました。仕事に対するスタンスの違いを受け入れながら、自分を大切にする働き方に影響を受け、そういう働き方も素敵だなと思うようになっていました。

　その環境に身を置いていると、

「外資系の航空会社も働きやすいのかもしれない」

「外資系企業の職場の雰囲気が、今の私には合っているのかも」

　と、強く感じました。

　そこで、いろんな会社を改めて調べることで、私の大切にしている価値観と合う会社があることに気づきました。

　ANAやJALにこだわる必要がないとようやく思えた瞬間でした。

　結果、内定をいただいた会社は私に合っていました。

　この会社では、育休復帰後も上司や仲間の理解が得られて楽しくフライトができました。最高にいい仲間と出会えて、感謝でいっぱいです。

あの時、こだわりを捨てて、自分の求めている働き方や信念に従って今の会社にトライして良かった。

自分の興味範囲外だったとしても、知ろうとしてみることは大切です。

知らないことを調べていくうちに、本当に自分の求めていたものに出会ったり、「本当はこうありたい自分」も見つかったりします。

きっと恋愛でも同じですよね。

「婚活してきて、ここまで頑張っているのだから、理想的な彼に出会わないと苦労が報われないわ！」

なんて思いながら過ごしていたら、きっと婚期を逃します。

私はそのタイプでした。

今の主人とお付き合いをするか迷っている時、友人に相談すると、

「付き合ってみて、合わないなら仕方ないけど、相手を知りもしないで断るのも失礼じゃない？」

と、アドバイスをもらいました。

就活期間も長ければ長いほど、

「ここまでできたら大手に内定しないと報われないし、恥ずかしい」

という呪縛から、自分の本心を無視した就活になりがちですが、いろんなエアラインをぜひしっかり調べてくださいね。

その時は**色眼鏡をかけず、いろんな会社をフラットに知ろうとする姿勢を大切に。**

必ずあなたに合った会社が見つかり、あなたのままでアピールしていくことが容易になるはずです。

さあ、今日から食べずぎらいをやめていろんな航空会社を知り、自分でマッチングしてみてくださいね！

その先に、あなたのベストなエアラインは見つかるはずです。

20
自分軸（あなた軸）を明確にする

2024年初めから、能登半島地震や羽田空港航空機衝突事故がありました。

犠牲になった方々には心からご冥福をお祈りします。

私自身、これらの出来事を咀嚼するのに時間がかかりました。

災害や事故の詳細が分からないうちから、ネット上では

いろんな憶測が流れ込んできました。

　自分がどう思うのか、考える前に、ネットニュースに溢れるコメントで、自分の考えが揺らぐことにとても恐怖を感じました。

　今は情報が多く、事実が分かる前からいろんな方の意見がネット上に溢れる時代です。どの情報をどう捉えるか、咀嚼するかもあなたの自由です。

　でも忘れてほしくないのは、

「あなたがどんな想いを大切にして生きていきたいか」

　です。

　これが「自分軸」、つまり「あなた軸」です。

　みなさん「自分軸」と聞いてどんなことを思い浮かべますか？

「自分軸」とは「他人に左右されることなく、自分が大切にしている信念や想い」です。

　この「自分軸」とはたった一つではありません。

　私たちの生活は、いろんなことを抱えています。

・自分の人生

・子どもの人生

・仕事

・夢

それぞれ異なる「あなた軸」があっていいのです。それぞれに対して、あなたが大切にしたいことなど、価値観を明確にしてみましょう。

私も自分自身と向き合った時、講師が用意してくれた「価値観のワーク」を毎日行い、やっと自分の本当の想いに気づけました。

価値観にはいいも悪いもありません。「なんとなく信念はある」という方は、その「なんとなく」をしっかり明確に言語化してみましょう。それをしないと、「自分」というものがブレる原因にもなります。

自分を知り、自分の信念が分かれば、あとはそれをどう表現するとより相手に伝わるのかを考えればいい。スクールなどでレッスンを受けている方は、講師から伝わる表現方法を教えてもらうのも一つの手段ですよね。

しかし、元ネタとして、自分の信念がなければ、面接官に何を伝えるかがない状態なので、表現方法を考えようとしても難しいです。

面接官が知りたいのは、あなたがどう思うのか、どう感じているのかです。そこからあなたの人となりを知ろうとしています。

なので、

・CA に受かるためにはこういう回答がいい

・こういう回答をした人が受かると聞いた

という「他人軸」で面接を受けても、ボロが出ます。

面接って本当に怖いですよね。

面接に進めたことへの嬉しさはあるものの、いざ会場に到着してしまうと、

「今日で結果が決まってしまうのか」

「これが全てのジャッジなのか」

と恐怖です。

面接で、練習と同じような質問が来たら「よし！」と思えますが、変化球が来た場合、動揺を隠せなくなります。

他の受験生がすごく見えて、その空気に飲まれそうになる。いいパフォーマンスをしたいと思う反面、一刻も早く終わらせてこの場から立ち去りたいと思ってしまう。

そんな時に頼れるのは、「自分」です。

ここに来るまでに講師、友人、家族が伴走してくださったと思いますが、さすがに会場までは来てくれません。来られても困ります。

自分が何を大切にしているか、普段から意識していたら、そんな時でも、あなたらしい答えが出せるでしょう。

自分軸を育てるために自分の想いを言語化する。これは

みなさんが思う以上に本当に大切ですよ！

　面接で落とされる状態が続いているのであれば、まずは「己を知る！」、これを徹底的にしてみませんか？

　夢を叶えてからも、「自分軸」は大切です。

　規定のサービスや保安の手順をまる覚えするだけでは習熟できたといえません。

　取得した知識をどう咀嚼して、どう身につけるか、どうサービスを提供するのかがとても大切です。

　同じサービスでも、提供するお客様は毎回違います。適切な対応だと思っても、逆にお叱りを受けて落ち込むこともありました。同じようにサービスをして、ご満足いただけるとは限りません。

　だからこそ、「あなたならどう考えるか？」をしっかり考えることが、CA になってからも大切です。

「個」を大切にする今の時代だからこそ、夢だった CA になるために、自分の想いを丁寧に大切に形にしましょう。

「自分軸」は CA になったその先の人生でもきっと活きてきます。

　そして、これらはしっかりあなたの最強の伴走者になってくれますよ。

Chapter II　CA受験を乗り越えるマインドセット

21

自信を永久不滅なものにしよう

「自信を永久不滅なものにする」ってどういうことか、想像できますか？

「完全」や「絶対」と言えることはこの世の中なかなかないと思いますが、「自信」はどうでしょう。永久不滅に持てるのではないでしょうか。

よく知人に「自信のある人なんているの？」と聞かれます。昔の私なら「いないよね」と共感したでしょうが、今は「いる」と自信を持って言えます。

そもそも自信とはなんでしょうか？

広辞苑によると、自信とは「自分の能力や価値を確信すること。自分の正しさを信じて疑わない心」と記載されています。

かつての私は、

・人から認められるもの

・人につけてもらうもの

と定義づけしていましたが、みなさんはいかがですか？

もしかしたら、中には自信がある人ってちょっと「傲慢そう」「謙虚さに欠けていそう」と想像する方もいるかも

しれません。

「自信なんてありません」と本気で思っている方ももちろんいると思いますが、謙虚な人だと思われたくて「自信がない」と言う方もいるでしょうし、本当に謙虚に「自信があります、なんて堂々と言えません」という方も多いのではないでしょうか。

「自信」という漢字の構成を見ると、自分を信じると書きますよね。

　私は「自信」とは、本来、他者に評価を預けるものではないと思っています。

　自分が自分の良いところに気づき、そこを誇りだと思えたら、自分の価値は自分で認める。自分を信じ、その先に「自信」を構築していけるものだと思っています。

　私が提供しているコースの受講生も、コーチングやワークを通して自身の良さに自分で気づいてくださっています。

「誰かから認められなくても、自分で自分を認められるようになった」

「自信を持てるようになった」

　という感想を、よくいただきます。

　自分で自分の良さに気づくことは、本当に大切です。

誰かに認められないと「自信」が持てない、ということは、いつも自分を評価してくれる存在がいないと不安になり、認められることを求め続けることになります。

しかし、一生一緒にいる自分自身がいちばんに自分を認め、自分を唯一無二の存在だと思えた時、永久不滅なものとして「自信」を持つことができます。

「私は自信があるよ」なんて、わざわざ言わなくていい。

自分のことは自分がいちばん理解し、信じてあげられる。そう思えるようになった時に、心の底から自信を持ち続けられるでしょう。

22
あなたの本当の強みを見つけていますか？

「強み」という字面から、人よりも突出していて「すごい！」と言われるようなものが強みである、と思っていませんか？

就活で自己分析をし、強みを見つけることに苦労された方も多いのではないでしょうか。

私も、

「強みなんてないよ」

「あったら苦労しないよ」

　と、苦しみました。

　エントリーシートを書く時も、面接を受ける時も、強み
を聞かれることが多く、受ける職種に好まれそうな強みを
いつも捻出して書いていました。

　CAなら、

「気配りができて、接客が得意です」

「誰とでも気さくに話ができます」

　という強みを持っているべきで、こういう人が面接官に
好まれそうだと思っていた。これらが自分自身に備わって
いるかどうか、自己分析を通して実証することなく、「ある」
と面接官に伝えていました。

　当時の私は接客が好きで誰とでも気さくに話ができてい
たと思うので、間違いではなかったはずですが、自分を分
析する方法が分からなかったので、こんな強みがあること
に気づけていませんでした。

　ただ、

「そんな人でありたい！」

　が先行し、強みを自分のものにできませんでした。

　結果、エントリーシートでも面接でもうまく伝えられず、
説得力がない説明しかできませんでした。

「ディズニーランドでキャストとして働いていた」

と伝えれば、

「接客が得意だ」

と思ってもらえる、とアルバイトのエピソードを乱用していました。

「強み」とは本来自分の中から見出すものです。

自分の良いところを自分の中から見つけて、CAという職にどう活かすことができるのか、会社にどう貢献していけるのかを棚卸しする必要があります。

強みが人よりも立派である必要はありません。どんな些細なことでも自分の強みとしましょう。

私が面接官に想いを伝え切れた瞬間を振り返ると、

「うまく喋れた時」

というより、

「自分のことを分析した上で、納得したものを伝えられた時」

でした。自分の良さを私自身が認め、その根拠となる実体験を説明できた時ほど、手ごたえを感じました。

大切なのは、ジャッジしないこと。強みにいいも悪いもなく、あなたが当たり前にできていることが強みです。

同じ兄妹でも、いいところもそうでないところも違いま

す。個性も強みです。

　もしあなたがその強みに気づかないのであれば、それは、あなたにとっては当たり前にできているということ。「自分はすごい」なんて思っていないから、強みと思えないだけです。

　強みって本当にたくさんあるものです。自然にできること、経験してきたこと、学んできたこと、失敗したこと、成功したこと、あなたが醸し出す雰囲気だって強みになります。

　自分にとって当たり前にできることは、誰かにとっての当たり前ではなく、十分強みになります。あなたそのものに価値があります。

　当たり前になってしまって、

「大したことない」

　と思っているものが、誰かにとっては、

「そんなこと知っているの？」

「そんなことできるの？」

　となることもあります。

　あなたの強みがきっと会社の貢献にもなり、あなた自身の価値にもなります。就活の今こそ、自分の価値に気づきましょう。

Chapter II　CA受験を乗り越えるマインドセット

　さあ、これまでの人生を改めて振り返り、自分の良いところ、あなただからできたことなど、強みをたくさん探してみてくださいね！

23
体験することで夢の実現が近づく

　机に齧り付いているだけでなく、どんどん体験しに出かけましょう。「CAになった自分」を体感し、そこで生まれる感情を、夢に近づくための原動力にしましょう。

　私は物心ついた時から、

「絶対にいつかディズニーランドでキャストになる」

　と、決めていました。

　毎月刊行される『ディズニーファン』という雑誌を見ながらパークで味わった感情やワクワク感をいつも思い出し、夢を膨らませていました。

　夏休みに関東の祖母の家に行く度にディズニーランドを訪れました。入場ゲートをくぐった先にある土産物店が立ち並ぶワールドバザールに足を踏み入れ、

「いつか絶対ここで働くんだ」

　と、イメージしていました。

実際にディズニーランドに行くことで、どうしたらキャストになれるかいつもアンテナをはり、

「チャンスがあったら応募しよう」

　と、意気込みが生まれました。

　大学２年生の時にキャスト募集の広告を電車で見かけ、すぐに飛びつき、応募しました。キャストになって通勤している自分をイメージして面接会場に向かったのを覚えています。

　面接で、

「今回は早朝の勤務者を優先的に採用する」

　と告げられ、自宅から舞浜駅まで通勤するのは難しいのではないかと思いましたが、どうしてもキャストになりたい一心で、面接官と最寄り駅の始発時刻を調べました。

　最短で到着するにはどんなルートがあるかを割り出したところ、７時開始の勤務にむけて舞浜駅に６時には到着する必要があり、最寄り駅を５時には出発する必要があることが分かりました。

　つまり、起床は４時。そんな早朝に起きたことがなかったので、できるのだろうかと怯みそうになりましたが、

「やってみないと分からない」

「むしろ早起きしたらキャストになれる夢が掴める！」

と、希望を見出し、

「できます！」

と伝えて帰宅しました。

数日後、配属先が記された採用通知が届きました。夢が叶った瞬間でした。その夏から大学卒業までの間、働くことになり、

「ディズニーランドのキャストになる」

という夢を叶えることができました。

小さい頃の体験で生まれた、感動などの感情が行動へと繋がり、現実を作っていったのです。

頭だけで考えると、

「できないかもしれない」

「無理」

と、思考の邪魔が入っていたかもしれません。

日常でも、例えば、「一人でディズニーランドに行きたい！」と思ったとします。

でも、交通費やホテル代も必要で、かなりの出費になるから行けないかもしれない。そもそも、子どもを置いて一人で行くのは現実的ではない。そういった思考の邪魔が入り、諦めの感情が生まれてきます。

頭で考えるとダメな理由がどんどん溢れてきて、「ディズ

ニーランドには行かない」という理由探しになってしまうんです。その結果「行けない」という現実を選んでしまう。

　ディズニーランドに実際に行ってあの空気感とポップコーンの香り、BGM などを体感した時の心を揺さぶられる感情って、想像以上です。幸福感や快感、期待など想像を超えた感情が芽生えてくるでしょう。きっとまた、ここに来ようと思い、次の行動に繋げることができる。

　感動、ワクワクといった感情や、

「こうしたい！」

「こうありたい！」

　と願ったことは、それを実現しようとする行動力にも繋がり、絶対叶えようとする力が湧いてくるんだと思います。

　想像だけで未来を描くのは、限界があります。実際に現地に行き、体感することがとっても大切です。

　現地で体験すれば、自然と感動やワクワク感は、湧き上がってきます。

　受験も同様のことが言えます。

　実際に体感することは、夢を叶える原動力になります。

　以前、受講生が休みを利用して空港に行き、その時の想いを写真と共に送ってくれました。彼女は飛行機を眺め、飛び立つ音や空気感に「私もこの音を日常にする！」と決

意したそうです。

　その場所にしかない空気感があります。それを体感することはとても大切です。

　情報集めも必要ですが、もし空港に行けるのであればその場を体感し、そこで自分がどんな想いになるのか自分の気持ちと向き合ってみてください。

　空港でCAとしてキャリーをひきながら出勤する姿、フライトに向かう姿、フライトから帰ってきた時の姿などをイメージしましょう。そこで感じたことを大切に持ち帰り「絶対に夢を叶える！」と決意してほしい。その想いを原動力に、受験を乗り越えましょう！

コラム

表現力を磨き、継続力も育てる「読書」の力

　エントリーシートや面接において、言葉で想いを表現する場面がたくさんありますよね。

　想いはたくさんあるのに、

「どうしたら簡潔に伝わりやすく表現できるのか分からない」

　と、悩まれるのではないでしょうか？

　そんな時に役に立つのが読書です。いろんな表現の仕方や、物の捉え方を学べて、感性も磨けます。

　どんなジャンルでもいいです。最初から難しいものを読もうとすることはありません。気になる小説からでも十分です。

　寝る前の15分だけでも、1日1ページでも大丈夫。

　そう言うと、

「1ページ？」

　と思われるかもしれませんが、何よりも大切なのは続けることです。

「塵も積もれば山となる」なんて言葉がありますが、まとまった時間を取ろうとするとなかなかできません。さらに、できないことに罪悪感を持って、それがいつしか不安に繋

がります。それなら、毎日１ページでも読む。気になった表現はノートに書き写してみるとさらに表現力が豊かになるでしょう。

　私が読書をするようになったのは、社会人になってからでした。それまであまり読書の習慣がなかったのですが、本を読むことでたくさんの表現を知ることができる。それを改めて実感しました。

　今まで自分の中にある数少ない言葉で想いを表現しようとしていたから難しかったのだとやっと気づきました。

　小説は特に、登場人物の何気ない心の揺れ動きや、強い想いが、様々な単語や技法を使って表現されています。同じようなシーンでも、どんなふうに言葉を使うかで伝わり方が違うこと、より分かりやすくなることを学べます。

　自分の中の言葉や表現のストックを増やすことは、誰かに自分の想いを伝える時、大いに役立ちます。

　うまく伝えるのが苦手と諦めず、伝えられるように表現を知る。読書があなたの助けになると思います。

Chapter III

受験を妨げる「思い込み」Q&A

Chapter III 受験を妨げる「思い込み」Q&A

24

内定がもらえない自分に価値がないと思っていませんか？

「不合格だから私は価値がない人間だ」

そんなふうに落ち込む必要はありません。

私は長年、合否の結果をそう受け止めてきて、自信を毎年少しずつ削ぎ落としていました。

でも、今客観的に思うのは、決して**合否が自分の価値には直結しない**、ということ。**受験の結果だけであなた自身の価値を決めつけないでください。**

あなたの価値を見出すとするなら、あなたが受験に向けて頑張っている過程だと思います。

・どんな環境でも頑張れる忍耐力

・夢を諦めない継続力

・自分に向き合ってきたその過程

・絶対に叶えると決めた覚悟

・仕事をしながら両立してきた期間と頑張り

必死に受験対策をしていると、自身の頑張りを「頑張り」と気づかない方が本当に多い。頑張れる方々なので、当たり前のように思いすぎている。

私も、比較的無理をしてでも頑張れてしまうので、自分のことを褒めてきませんでした。

　むしろ、

「もっともっと努力が必要だ」

　と、自分を追い詰めては、

「私なんてダメだ」

　と、責めてきました。

　試験でうまくいかないと、結果だけをみて自分を責め続けてきました。

　結果を出せないなりに頑張ってきたはずで、失敗をしたことにも理由があるのに、表面的なことでしか判断できなくなってしまい、失敗をする自分に対しても、他者に対しても責めるようになっていました。

　みなさんにはそうなってほしくない。

　結果ばかりに目を向けて過程を大切にできない方は、自分が望む未来を掴めなくなってしまいます。

　内定が決まった時も同様です。

「内定したから価値が認められた」

　というのは違います。

　頑張ってきた過程は素晴らしいけれど、なれたから「価値ある人間」なのではありません。

Chapter III 受験を妨げる「思い込み」Q&A

　受験を乗り越えた自分自身を、

「よく頑張った」

　と、褒めてあげてほしいのですが、

「CAになれたことで、自分に価値がついた」

　わけではありません。

　それでは、いつか仕事を辞めたり、うまくいかない時に、

何かと責める人生になってしまいます。

　かつての私がそうでした。

「CAになれた私はすごい」

「CAになれない私はすごくない」

　という想いがとても強かった。

　制服を脱いでいる素の自分に自信が持てなかったので、

「CAをやっています」

　と、堂々と言うことができませんでした。

　当時の私は、

「会社の制服を着ることで、自信を持たせてもらっている」

　といってもいいほど、自分を卑下していました。

　なので、

「あなたの価値と、CA受験の合否は、イコールではない」

　ということを強く言いたいです。

　まだ「ご縁がない」という方も、決してあなたを責めな

いで。

自分には価値がないと落ち込むのではなく、どんなところに反省点があるのか、どこを強化したら今後の採用試験が突破できるのか、自分の頑張りを認めつつも、改善点に目を向けるようにしてください。

自分を責めたところで、改善点は見つかりませんし、ますますやる気を削がれるだけです。どんなあなたにも価値があります。

「CAになるなら完璧じゃなきゃいけない」

というのは、自分自身を無視しているのと同じ。

あなたのいいところも、ポンコツなところも全てがあなたであり、価値があります。

価値を決めるのも自分。合否を自分の価値にしないでくださいね！

25
CAってすごいって思っていませんか？

CA受験生が陥りやすい、CAに対する多大な崇拝。かつての私もそうでした。

・CAの人って完璧

- 気配りが完璧
- サービスの神
- 人として完璧

　CAになる人は完璧で落ち度がないと思うくらい、崇拝していました。

　しかもみんな容姿端麗！　本当に雲の上の人で神様のように拝んでいました。

　でも実際は、そんなことないです。そういうと失礼ですが、そう思えるくらいいろんな人の集まりでした。

- おっちょこちょいな人
- 実はものすごく人見知り
- 自己中心で気分屋さん
- 人の話を聞いてないけれど自分の話はよくする人

　CAも一個人ですから、いろんな人がいます。もちろん私もその「いろいろ」に属していた変わり者だったでしょう。

　みんなそれぞれ個性があって、そこがいいところです。

　それでもCAとしてはみんな「完璧」を演じています。

　CAになったら、保安要員としても、サービス要員としてもプロ意識を求められ、会社に叩き込まれるので、受験生から見たら完璧に見えるかもしれません。

飛行機というステージで、しっかり演じることを求められ、演じるプロの集団です。そうでないと、会社員としての責務を果たしていないことにもなりますからね。

　ディズニーランドでキャストをしていた時も、

「私たちは演者で、ゲストを楽しませるのが使命である」

　と、教育を受けました。それと同じです。

　CAといっても、いろんなクルーがいますが、一度制服に袖を通し、飛行機に乗り込んだら、プロです。

　私生活でうまくいかなくても、お客様の安全を守り、笑顔で快適なサービスを提供しないといけない。

　でも、ギャレーに戻ってくると、舞台を降りて素に戻ったクルーたちの、それぞれの個性が見えるんです。

　面白い人もいます。もちろん怖い人もいます。私生活の感情を、思いっきり持ち込む人だっています。

　でも、お客様の前ではパーフェクトだったりするのですから、すごいな、と感心させられます。

　CAも人間です。完璧ではないですよ！

　みなさんが見ているのは、オンステージのCAです。

　空の安全を守るプロの会社員。

　プロの保安要員なんですよ！

　人として完璧なわけではない（時としてすごく完璧な人

Chapter III　受験を妨げる「思い込み」Q&A

もいたりしますが)。

あなたが今もこれからも完璧になる必要はないので安心してくださいね。

26
コミュニケーション力が高くないとなれませんか？

よく、

「CAになれる人は、コミュニケーション力が高い人ですよね？」

「私も高くなければなれませんよね？」

と聞かれることがあります。

接客業なので、コミュニケーションが苦手だと思う方よりは、伝える努力ができるに越したことはないでしょう。

ただ、たくさん喋れること、会話に事欠かないことが、「コミュニケーション力が高い」とは限りません。

接客で使うコミュニケーションには、様々な役割があると思いますが、CAにとって特に大切なのは、以下の2つではないでしょうか。

1つ目は、「伝えるべきことを分かりやすく伝える」役割です。

CAの役割は第一に保安です。機内の安全を保つために
も、お客様にもご協力いただく必要があります。シートベ
ルトの着用や荷物の収納など、ご納得いただけるように伝
える努力が必要です。

　でも、心配しなくても、入社後にしっかり叩き込まれます。

　さらに、実際の現場で何度も実践して、お客様に、より伝
わる方法を模索します。

　同じことを伝えても、すべてのお客様に納得していただく
のは難しいので、その時のお客様の状況と様子によって毎回
違う工夫が必要となります。

　2つ目は、「何気ない会話を楽しみ信頼を構築すること」。
きっとみなさんが、

「コミュニケーション力が高くない」

　と不安になるのは、この部分ではないでしょうか？

「何気ない会話をお客様とするのがちょっと苦手」

「自分から会話を広げるのが得意ではない」

　こうした不安はありませんか？

　大切なのは、何にでも興味、関心を持っておくことです。
今から、CA受験以外のことにも興味を持つようにしてお
きましょう。

　まさしくそれが活かせるのが、お客様との会話です。

Chapter III 受験を妨げる「思い込み」Q&A

　お客様との小さな接点で、会話が広がることもあるでしょう。

　自分の関心の範囲から出ようとしなければ、相手の会話もただ聞くだけになってしまいますが、相手の話に関心を持ち、教えてほしい姿勢で対応すれば、会話はどんどん広げることができます。

　また、先輩や同僚のやり取りを観察し、そこから学ぶこともできます。

「うまく会話ができない」

　と感じるのであれば、自分から学ぶ姿勢を大切にしてください。たくさんのお手本となる先輩方がそばで働いています。言葉遣いや表現の仕方、お客様への寄り添い方も、先輩たちが試行錯誤した形が、たくさん現場で学べます。

　CAになれば、コミュニケーション力は自然と高くなります。今の段階で、CAのように円滑なコミュニケーションができていなくても大丈夫です。

　コミュニケーション力は、いつからでも鍛えることができますよ！

27

面接はライバルだらけだと思っていませんか？

受験会場はライバルだらけ？　実は、ライバルを作り出してるのもあなた自身！　ライバルのいない面接会場を作れるのもあなたです。

スクールに通っている方の中には、

「他の受験生をライバルではなく、合格後の同期になる方と思いましょう！」

と、講師に言われてきた方も多いのではないでしょうか。私もそうでした。

特に、選考方法としてよく行なわれるグループディスカッションでは、一つの問題に対して、みんなでいろんな意見を出し合います。

誰かの意見よりいい意見を出そうとか、自分だけいいパフォーマンスができれば合格するものではありません。

CAという職はチームワークがとても大切です。みんなで一つの課題をどう乗り切るのか、全体を見ながら自分の役割を考えて行動します。

例えば、機内で急病人が発生したとします。みんながその人にかかりきりで対応していたら、通常業務がストップ

してしまいます。それが着陸間際なら、急病人の対応をしながら他のお客様のケアをし、着陸準備を行わないといけません。容体にもよりますが、1〜2名が病気のお客様の対応にかかり、通常の業務を残りの人数で回すことになり、とても大変です。

そうなった時に、発揮されるのがチームワークです。自分の担当のエリアの着陸準備をしつつも、手が回っていないエリアにも気を配ります。自分のできることを全体を見て判断することがとっても大切ですし、それが求められています。CAはチームで機内全体の安全や秩序を守らなくてはいけませんから。

面接の一環として行なわれるグループディスカッションでは、1つの問題に対して、どうやってみんなで役割を決めて、解決へ導こうとするのかを、面接官は見ているのでしょう。

そんな時に、周りの受験生を**ライバル視して、自分をアピールしても、いい評価は得られません。**

誰かが困っていたら、寄り添う。みんなで答えが導けるように話し合う。それがグループディスカッションです。

当時の私は、なぜライバル視をしてはいけないのか、あまりよく分かっておらず、誰かを蹴落とさないといけないのだと思っていました。

「先にファシリテーターをした方が評価されるらしい」

「タイムキーパーをやった方が楽だよ」

　そんな声を鵜呑みにして、役を先に取ること、自分が意見を言うことだけに集中していました。

　だから、なかなかグループディスカッションがうまく乗り越えられなかったのだと思います。

　今なら、なぜスクールの講師が、

「ライバル視しないように」

と忠告していたのかが分かります。

　もちろん現実問題、通過できる人もいればご縁がない人もいるのは確かなので、ライバル視してしまうのも分かります。面接に行ってみんなを「同期になる人たちね！」と前向きに思うのも難しいです。なので、普段の練習から他の受験生をライバル視しないように意識しておきましょう。

　また、自分の言動を客観的に知る必要があります。

「ライバル視する相手に対して、攻撃的になる傾向がある」

「誰にも負けたくない時は、人よりもいいことを言わなくてはいけないと思ってしまう」

「自分を追い込む傾向がある」

「自分の発言に自信が持てなくなり、思ったことを全く言

Chapter III 受験を妨げる「思い込み」Q&A

えずに面接が終了してしまうことがよくある」

　このように、自分を客観的に観察してみてください。その中に、グループディスカッションをうまく乗り越えられない理由が見つかると思います。

　グループディスカッションの選考を、みんなで通過できることもあります。チームワークを見ているのですから。
「みんなで合格しよう！」
「一緒に同期になろう！」

　と意識を変えることで、あなたの行動は変わります。捉え方次第で、自分の意識も行動も変わってきますよ。

28
CAらしく振る舞おうとしていませんか？

　かつての私は、就活中、『エアステージ』を見ながら会社の比較や情報を調べる一方で、CAの外見ばかりを研究していました。

　CAには「CAっぽい人」が内定をもらえると思い込んでいて、外見を整えようと躍起になっていました。

　・CAっぽいメイクをする

　・CAっぽい振る舞いをする

・CAっぽい髪型をする

　採用する側からしたら、人となりを知りたいのに、目の前の受験生はCAっぽさをアピールしてくる。その割に質問にしっかり答えてくれない。これでは採用は見送ろうと思われてしまいますよね。

　面接はあくまでも、自分の考えや、入社したいという想いを伝える場です。CAらしく振る舞ったところで受かるものではありません。

　採用試験の段階で、あなたの外見や振る舞い、雰囲気がCAらしくなくても、心配しなくて大丈夫。それらは後からついてきます。

　入社後、メイクレッスンの研修がある会社もありますし、化粧品の色や質感を指定する会社もあります。自然と外見はCAとして整います。外見を整え、業務が板についてくれば、自然とCAとしての振る舞いになっていきます。

　CAらしく振る舞う、ということは自分らしく振る舞えていないということ。

　あなたはまだCAではないんですよ！　CAに憧れるあまり、今からCAっぽくあろうとしたら、あなたらしさが損なわれるかもしれません。

　CAらしく振る舞うのではなく、あなたらしく振る舞う！

これが大切です。

　自分に向き合い、自分はどんな人間でどんな良さがあるか、どうやってそれを面接官に伝えるか考えてみましょう。

29
諦める理由を年齢のせいにしていませんか？

　みなさんCAになるって、何歳まで可能だと思いますか？

　当時の私は、30歳がリミットだと思っていました。採用されるか否かの問題と同時に、結婚して出産するならこのくらいが限界かなと勝手に決めていました。そのため、30歳までに夢を叶えられなかったら、諦めようと決意して、なんとか30歳でCAの世界に滑り込みました。

「何歳までになる！」と制限を設けたことで、私の場合は自分を奮い立たせるいい作用を生んだと思います。ですが、今にして思えば、30歳という制限をかけなくてもよかったなと思いました。

　私が入社した会社では、未経験でも50代でCAになられた方、子どもが二人いる方、子育てが一段落して、昔からの夢を叶えた方と、本当にさまざまな年齢層の方がいました。

それまで、

「子どもができたら辞めなくてはいけない」

と漠然と思っていましたが、子どもができても続けられる、一旦離れても復帰できるのだと、希望の光を見出した気がしました。

女性のいちばんいい時期は30代だと思い込んでいた自分。私が新卒の時、大手航空会社の採用条件は30歳まででした。

それがいつしか35歳に引き上がり、今では年齢制限がなくなり、30代後半、40代でも、CAとして採用される時代になったのに、私たち自身が勝手に年齢に制限をかけているのではないでしょうか。

みなさんいかがですか？

・30代で目指すなんて遅い

・40代なんて採用されない

・40代で夢を見る職業ではない

・もう若くないのだからCAになんてなれない

・子どもがいて未経験なんてどうせ採用されない

このように諦めていませんか？

でも、何歳になってもCAになりたいのならチャレンジしたらいい！　今はそれができるんですよ！　本当になりたい

のなら、頑張って挑戦してCAになってみてほしいんです。

　私も30歳で内定をいただきました。当時は結婚したばかりで、

「独り身じゃないんだから、もう諦めたら？」

　という風当たりの強さを感じていました。

　諦めないといけないのかと苦しみましたが、

「夢を叶えられずに人生最期の日を迎えたくない！」

「『私の人生悔いなし！』って思ってこの世に別れを告げたい！」

　その想いで夢を叶えました。

　どんな年齢でも夢を見る権利はあります。どんな環境でも夢を見ていいんですよ。

　あなたの中に年齢の制限があるのなら、ただの思い込みです。年齢をあげて、**なれない現状を正当化しているに過ぎません。本当は叶えたいのに、その勇気がなくて、ただ年齢にせいにしているのかもしれません。**

　本気でCAになりたいのなら、年齢も環境も言い訳にせずに、どんどんチャレンジしていきましょうね！

30

講師に認められることがゴールになっていませんか？

　私が大学生の頃は、まだインスタグラムが無く、「アメ
ブロ」で集客している元CAのスクール講師がいて、何度
か面接練習会やオフ会に参加しました。

　当時の私は、講師の反応を、自分の評価やCA受験の内
定結果のように受け取ってしまい、一喜一憂していました。

　・CAに向いてないんだ

　・私に興味がなさそうだから論外なのかな

　・合格する見込みがないからあまり対応してくれない

　こんなふうにいつもネガティブに受けとってしまい、い
つしかCAに内定することではなく、講師に認められるこ
とがゴールになっていました。

　自分に自信がなかったからか、講師の評価が自分の価値
だと思い込み、私らしい答えができず、

「どうしたら講師から褒めてもらえるか？」

　と、無意識に振る舞っていました。

　そのうち、

「どうせ話しても受け入れてもらえない」

　と、落ち込むようになりました。

けれど、自分の価値や良さは、まずは自分が認めてあげないと他者からの評価に振り回されます。

もちろん、第三者からのフィードバックは、気づけないことに気づかせてくれるので、とても大切です。

そもそも面接練習は気づきを得て、改善して、本番で活かせるようにする場なのですから。

ただ、そこに「確固たる自分」がいないと、講師からのアドバイスも活かせません。

講師の反応に自分の価値を預けるのではなく、講師からスキルや方法を学び柔軟に自分らしく吸収する。それが正しい利用の仕方ではないでしょうか。

今はたくさんの CA 受験コーチがいて、気軽にオンラインレッスンを受講できます。インスタグラムからも申し込めます。私みたいに講師に認められることが目的になっていて、心の中で、

「もっと認めてほしい」

「自分には価値がないのかもしれない」

「私なんて大したことない」

と叫んでいる人は、改めて自分に向き合う時間を作り、自分の良さを自分で認めてくださいね。

31

失敗したら「終わり」と思っていませんか？

　毎年6月になると思い出すのが、新卒で就職したGSの入社式です。この年はGSだけで175名という大量採用で、4月入社と6月入社に分かれ、私は6月に入社しました。

　なんとか航空業界に入れたという喜びと、CAとして入社できなかった複雑な想いが絡み合いながら出席しました。

　6月の入社でしたから、4月のCAの入社式はニュース番組で見て、悲しみに暮れていました。

　GSの初期研修が行われた「オペレーションセンター」と呼ばれる施設には、フライトに乗務するCAも出社していました。

　研修をする部屋には大きな窓ガラスがあり、近くのクリーニングセンターに、出社して制服を取りに来るCAの姿がよく見えて、

「なんで私はあちら側にいけなかったの」

　と、情けなくなりました。

　とはいえ、同期に恵まれていたので、

「GSも楽しい」

と、満足もしていました。

「航空業界に入れたし、CAにならなくても十分じゃないか」

諦めたらもう受験をしなくていい。CA受験から逃げたい。そんな気持ちもありました。

配属先は、航空機の出発到着業務を担う「ゲート業務」でした。出発準備のブリーフィングや到着時の旅客情報のやり取りなど、CAとの接点が本当に多く、なりたい想いと、「GSでもいい」という想いのせめぎ合いでした。

毎年春になると、昔の私のような想いの方が、きっといるんだろうな、と思わずにいられません。

入社式のニュースで、新入社員が紙飛行機を飛ばしている姿を見ては、

「なぜあそこにいられなかったのか」

と悲しみに押しつぶされるでしょう。

見るつもりはなくても見てしまい、嫉妬と後悔から、数日抜け出せなくなる。

そんなふうに毎年苦しい想いをしている方はいませんか？

痛いほどその想いが分かるからこそ言いたいです。そんなことも含めて全てに意味があるんです。

ストレートに CA になれなかったことには理由がある。

悔しさも悲しさも経験できた分、人の気持ちが分かるようになる。CA になった暁にはそれらが役立つ場面がきっとあります。

もし私が新卒で CA になっていたら天狗になっていたかもしれない。辛さも知らず、CA 受験生のためのマインドコーチにもなっていなかったかもしれません。苦しみを経験していなければ、寄り添うなんてできませんからね。

人にはそれぞれ活躍できる場が必ずあります。

今はなぜ遠回りしているのか理解に苦しむかもしれないけれど、失敗してそこから何かを得るために、遠回りが必要なのかもしれない。「なんとなくうまくいく」というマインドも大切ですが、失敗するからこそ学ぶものがあります。

遠回りをして得たものは全てあなたの財産になって、素晴らしい人生を送るお守りになるのです。

以前、どうしても行きたい大学に一度で受からず、浪人生活を経験して 2 度目の春を迎えた頃、大好きだった祖母に言われた言葉があります。

浪人生活の 1 年間 365 日ずっと勉強をし、全てを捧げてきたのに受け取れたのは「不合格」という紙切れ一枚。

Chapter III　受験を妨げる「思い込み」Q&A

情けなくて悲しくて、絶望に打ちひしがれていると、祖母が、

「あっこちゃんはこれで、受かった人の気持ちも、不合格の人の気持ちも分かる人になれたね。よかったじゃない」

それを聞いた時、肩の力が抜けました。

その場ですぐに飲み込むことはできなかったけれど、19歳の心に深く刻み込まれ、いつしか人生におけるモットーになりました。

人生いろんなことがある。苦しい時ほど苦しさにしか視点が及ばないけれど、その分苦しい人の気持ちが分かる人間になれる。誰かが困っている時、悲しみに打ちひしがれている時、寄り添うことができる。だから、苦しみも喜び同様、私にとって大切な経験なんだって思えたのです。

祖母は何気なく言ったのでしょうが、祖母が亡き後の今も、きっとこれからも、この言葉は私の一生の宝物になるでしょう。

みなさんもたくさんの挫折があると思いますが、**うまくいかないことも、うまくいったことも、あなたの全ての経験が財産です。**

それを次に活かして、挑戦し続けてほしいです。

32

職場の心配をすることで受験から逃げていませんか？

　既卒受験のみなさん！　現職への心配は取り越し苦労ですよ！

　仕事をしながら受験をするって本当に大変ですよね。私もずっとその生活をしてきたので、痛いほど気持ちが分かります。現在の勤め先でもやるべきことがたくさんあって、その中でCAになるという夢をずっと持ち続けるのは並大抵のことではないです。

　時には放棄したくなるし、

「いつまでこんなことしているんだろう」

　と迷い出す。毎日毎日、企業研究や面接練習をこなすことは結構きつい。そして急に募集が出る。その時あなたはどんな気持ちですか？

　かつての私は、

「今度こそ！」

　と思う反面、

「仕事を休まなきゃいけないのかな」

「試験を受けるのは日程次第かな」

「仕事の日と被ったら、どう休んだらいいんだろう」

「あまり休みたくないな」

と、素直に喜べず、モヤモヤしました。

そんな時、友人に相談してみました。

「募集が出て嬉しいけど、そのために会社休むのってどうなのかと悩むんだよね」

すると友人は、

「あなたが休んでも辞めても仕事は回るんだよ。やりたい夢があるならわがままにしていいんだよ」

と言ってくれたのです。

本当にその通りだなと雷に打たれた感じでした。

「そうか、私は『会社を休むことは社会人としてあるべき姿じゃない』と言いつつ、採用試験に向き合うのが怖かったんだ」

と気づいたのです。

自分の都合で仕事に穴を開けてはいけない。ましてや、採用試験のために嘘をついて仕事を休むなんて、社会人として御法度だ、と思っていた。

本当はただ理由をつけて、受けることから逃げていたのです。もちろん、仕事を蔑ろにしていいわけではないですが。

友人の一言で、やっと夢を本気で掴みに行きました。

それからは、いつ退職してもいいように、いつでも引き

継ぎができるように、今まで以上に仕事に精を出して取り組みました。迷惑をかけることはしたくなかった。それでも、もしかしたら、夢を叶える過程で迷惑をかけることもあるかもしれない。その時の分まで、できることにしっかり打ち込もう、と決意したのです。

どうしても行きたい試験の日は、遠慮せず休ませていただこう、と思うようになったのですが、不思議なことに、そういう心持ちになってから、いいタイミングに試験日が当たり、仕事を休まず受けられるようになりました。

みなさんはどうでしょうか？

「試験を受けたら穴を開ける」

「今辞めたら迷惑をかける」

と、心配することもあるでしょうが、あなたが辞めても会社は大丈夫！　どうにか回るのです。ちょっと悲しいですが。だから、**受けない理由を会社の問題にすり替えないで、夢を叶えるのを後回しにしないでくださいね！**

夢を叶えられるのは自分だけです。叶ったらいつか辞める時が来るのだから、その時までに**一生懸命会社に貢献して、飛ぶ鳥跡を濁さず、仕事も採用試験も頑張りましょう！**

Chapter III 受験を妨げる「思い込み」Q&A

33
無理と決めているのは誰？

　みなさんは普段、何かをしようとしている時、

「私には無理だ」

「結局うまくいかない」

　という思考に陥ることはないですか？

　CA受験でも、

・私には外資系のエアラインは無理

・大手はきっと受からない

・去年落ちたところはリベンジが難しそう

　と、できない可能性ばかりがよぎって、想像して、まだ分からない未来を勝手に決めつけていることってないですか？

　我が家で以前こんなことがありました。主人が大好きなヨーグルトがあり、自転車で15分かかる店舗にしか販売されていないのですが、

「自宅から徒歩2分のスーパーにあったらいいのにね！」

　なんて話していました。

　私は、

「ほしい時に運動がてら行って、その時にまとめ買いした

106

らいいよね」

　くらいにしか思っていなかったのですが、主人は違いました。

　その日のうちに近くのスーパーに行って、『お客様の声』という紙をもらってきて、

「あるメーカーのヨーグルトをぜひおいてほしい。とっても美味しくて絶対人気になるから」

　とアピールして投函したのです。

「ま、そんなに都合よく声なんて吸い上げられないよね」

　と、私は内心思っていたのですが、まさか！　採用されたのです。リクエストしてから、10日ほどで店頭販売されていたので、もうびっくりです！

　どうせ「お客様の声」なんて汲み取ってくれないと思っていた私は大反省しました。

**　諦めるのも無理だと決めつけているのも、自分自身だったのです。**

　無理だと思っていたら、諦める行動しかしません。主人はやってみないと分からない精神の持ち主なので、勝手に判断せず、結果は相手が決める、と素直に実行したのです。これがよかったのでしょう。

　CA受験もどうですか？

私は勝手に、

「ここは私に合わないだろう」

「どうせ採用なんてされない」

と決めつけて、チャレンジすらしない航空会社もたくさんありました。

きっと8年間の受験期間中、チャンスを自ら手放したことがたくさんあったのではないでしょうか。

未来はいつだって勝手に決められる。まだ経験していないのだから、いいように決めることだってできるのです。

「叶わない」と決めるなら、そういう行動しかしないでしょうし、少しでも未来を信じられたら、叶えようと行動するのです。

「ビジョンやミッションに共感できない」

など、主体的な理由でやめるのならいいのですが、

「きっと私になんて無理」

と決めつけて、諦めないでくださいね。

「北海道路線に特化したエア・ドゥは北海道出身者じゃないと受からない」

「外資系向きではないから、日系しか受けない」

「日系には受からなさそうだから外資系を狙おう」

と**勝手に受からない理由を作ってチャンスを掴もうとし**

ないのは、自分の可能性を自ら潰しているのと同じです。

　食わずぎらいせず、やってみたらぴったりだったなんてこともありますよ！　ぜひどんどんチャレンジしてください！

34
大手の CA になることが全てだと思っていませんか？

　みなさんは大手の CA に固執していますか？　私は学生の頃は、とにかく ANA に入りたかった。あのひまわりのような笑顔あふれる CM にも魅了された。

　でも私の人生はとことん ANA とはご縁がなく、1 年目の CA の選考では一次面接まで進みましたが、GS はエントリーシート落ち。

　その後、既卒受験でもことごとく敗退していました。おそらくいちばん受験回数が多かったのは ANA でしょう。

　新卒では、GS として JAL スカイに入社したので、それからはむくむくと JAL 愛が育っていき、その後第一志望は JAL へと変わっていったのですが、それでも、

「大手がいちばん！」

　と考えていたところがありました。大手に入れば安泰だ

し、人に「すごい！」と認められる。広く知られている会社に入ることが人生の成功だと思っていました。

　確かに大手の会社は福利厚生や教育体制の面では恵まれていると思います。実際JALスカイを退職して初めて守られていたことを実感しました。ほかにも、大手のメリットはたくさんあると思います。

　でも、大手だからといって、

「あなたにとっていいか」

　はまた別ですよね。

　JALやANAでCAを経験できることは、キャリアとしては本当に素晴らしいことだと思います。大手には長年培われたノウハウがあり、そこから学べることは大いにあります。私も一度は経験したかった。

　しかし、就活をする上では、安易に、

「大手じゃないとダメ」

　という固執はしないでほしいのです。

　受験生の方と話していて、

「JALかANAしか入りたくないんです」

　という声をよく聞きます。そこじゃないと意味がないと。

　では、

「他のエアラインを知った上でそう思われますか？」

と聞くと、

「いいえ、他は興味を持てなくて調べていません」

　かつての私と一緒です。全てのエアラインを知った上で、

「どうしても JAL です、ANA です」

　と言うのと、他を知らずして、

「私は JAL か ANA にどうしても入りたい」

　では訳が違います。

　そもそも、

「JAL か ANA ならどっちでもいい」

　と思っているのなら、これもまた動機が不明瞭です。調べた上で、

「この会社のここが魅力だからここがいい」

　というのが、本来の志望動機ではないかと、私は思います。面接官の立場なら、会社の名前に惹かれているだけ、というのはすぐ分かりますから。

　大手にこだわりすぎて、他は一切受けなかった私の、7年間の CA 受験。なんてもったいないことをしたのだろう、と今にして思います。世間体を気にしてブランド力を重視してしまった結果です。

　自分を知って、いろんなエアラインを知れば、本当に自分に合うエアラインは大手でなくてもいいはずです。

この会社だからこそ、自分のやりたいことを実現できて、貢献できる。自分の働き方にもマッチしていて、やりがいが持てる。

実際、私がCAとしての夢を叶えた会社はLCCでした。以前のように、自己分析もせずに、ブランド力だけを重視していた私からしたら不服でしょう。

でも、自分という人間を知り、自分の求めているものやライフスタイルを考えた時に、いちばん合っていたのは、この会社でした。

もちろんどんな会社に入っても、大変なことや不満はあります。ただ、あの当時の私にとっては、いちばんマッチしていました。

そもそも私は、CAになりたいのに、実はホテルステイが苦手。一人でホテルに泊まるのが怖くて不安でした。入社した会社は、当時、ステイがあまりなく、基本は日帰りフライトで、「ステイなし！」を謳っていたので、まさに私にピッタリだったのです。

8年目の就活時にカウンセラーとして勤務していた英会話学校で、外国人教師と接し、フランクさの中にもしっかり仕事をする姿勢が好きだったので、同じように和気藹々とした雰囲気がありながら、空のプロとして一流を目指す

ところは、まさに私の求める会社像でした。

　CA受験8年目にして、**自分と向き合ったからこそ、自分の価値観も理解して、本当の意味で自分に合った会社を探すことができ、自然と内定を手にできたのでしょう。**

　それが結果として大手だったというのなら、それでもいいのですが、名ばかりに目がくらみ、大手が勝ち組かのようなエアライン就活をしても、大切にしたい働き方は見えてきませんよね。

　世間体のいい会社に入るのと自分にとっていい会社に入るのとは大きな差があります。

　最初は良くても、入社後に少しずつ亀裂が生じてきて、「何か違う」という気持ちが強くなり、退職を選ばざるを得なくなることもあります。私の周りでも、大手の会社に入ったけれど自分に合わなくて辞めてしまった方は本当に多いです。

　どのエアラインも企業としての規模や歴史に差はあれど、それぞれが安全な翼と最高のサービスを目指しています。大手だから、LCCだから、ではありません。あなたにとってどんなエアラインが合っているのか、ぜひ比較をしてくださいね。

　JALとANA、その系列やグループ会社から企業研究を

Chapter III　受験を妨げる「思い込み」Q&A

始めてもいいですが、大手だけで企業研究をやめないでくださいね。

　自分が大切にしている働き方や、どんな CA になりたいか、どんなサービスを提供していきたいか、どう貢献できるのか、それらをベースに、**ご自身に合った本当の意味での志望エアラインを探してアプローチしてほしいです。**そうすれば、必然的に「なぜここでなければいけないのか？」は熱弁できると思います。

35
「ご縁」という言葉を乱用していませんか？

　就活をしていると「ご縁がある」「ご縁がない」という言葉をよく使うと思うのですが、みなさんはいかがですか？

　私は、採用でうまくいかない時は、とにかく「ご縁がない」と思って、

「これは私にはどうにもできなかった」

　と片付けてしまうこともしばしばありました。

「この会社にはご縁がなかった」

「どうせご縁がないからエントリーシートを出しても受からない」

――そう言って、しまいには最初から挑戦することもしなくなっていました。

　今考えれば、「ご縁がある」も「ない」も自分次第。ご縁を作りたいなら作る努力が必要だったのです。

　たとえ受けないとしても、同じ業界なら興味を持つべきなのに、好みだけで企業研究を行なっていた。それで「ご縁」を作れるはずがありません。

　自分の入りたい会社は、たいして企業研究もせず、会社の雰囲気が合っていそう、というイメージだけで「ご縁がある」と思い込むようにしていました。

　縁さえあれば多少努力を怠っても、結果的に繋がるものだと勘違いしていました。

　みなさんはいかがですか？　エントリーシートや面接の結果が思わしくない時、自分の力不足を認めずに、

「今回はご縁がなかった」

　と片付けてしまうことはありませんか？

　では、そもそもご縁ってなんでしょう。

　よく人との思いがけない出会いに、「ご縁ですね！」と驚くことがありますよね。

　知らないところで繋がりのある人との偶然のようで必然な出会いを「ご縁」と呼んだりします。

その印象からか、就活でも同じような感覚を持ってしまいがちです。

でもそういう考えだと、頑張らなくても「ご縁」でなんとかなるような印象を持ちませんか？

逆に、どんなに頑張っても、縁がなければ内定をもらえない、という都合のいい逃げになりかねません。

選考結果を、毎回「ご縁」とくくり、そこから何も学ばなければ、改善点も見出さずに毎回終わってしまいます。

私は7年間、「ご縁」がいつか来るんじゃないかと信じて、ANAとJALだけをひたすら受け続けていました。

でも全くご縁なんてなかった。

歳を重ねれば重ねるほど選考は進めなくなり、エントリーシート落ちがほとんどでした。重ねる割に、対策がどんどん疎かになっていったからでしょう。

それでも8年目にようやく本気のスイッチが入り、物事を深く考えるようになり、自分の大切な想いに気づき、自分の得意なことがたくさんあることも知り、結果、JALやANAにこだわらず、もっと他の会社も見てみようと思えるようになったのです。

その結果、いろんな会社に挑戦できるようになれました。

これが、本当の「ご縁」でした。

８年間の受験期間中、７年間は「ご縁」を履き違えていた。

　同じ様に８年間 CA 受験をしてきた方と、受験回数を比べたら、圧倒的に私の方が少ないでしょう。

　みなさんには、CA になれる可能性を潰さないでほしい。行きたい会社はあるでしょう。でもその会社に固執せず、いろんな会社を知ってみる。すると本当に求めていた会社に出会えます。

　おかげで、入社してから大きなギャップを感じることはなく、私のライフスタイルに合う会社でした。

　もちろん、

「JAL や ANA に入ってみたかった」

　という憧れは、ずっとあります。

　LCC を経験したからこそ、フルサービスの国際線を飛んでみたいという想いは今もあります。

　ただ、私にとってはベストな会社でした。

　近くに両親がいない環境で、夫婦二人で乗り越えた育休復帰後の時短勤務を円滑に遂行できたのは、この会社だからだと思います。

　自分を知ったからこそ選べた「ご縁」でしたし、それは間違っていなかったと思います。

　努力しないで「ご縁、ご縁」と乱用するのは間違いです。

Chapter III　受験を妨げる「思い込み」Q&A

　ぜひみなさんも、「ご縁」を言い訳にするのではなく、あなたにとっての「本当のご縁」を繋げて内定を掴み取ってくださいね。

36
掲示板の情報を鵜呑みにしていませんか？

　CA受験をしていると、いろんな情報が飛び込んできます。

　私の時代も、ネットの掲示板に、いろんな情報が溢れていました。

　時には便利な面もありましたが、よく考えてみると、いったい誰が投稿しているのか不明ですよね。本当に同じ受験生なのか、どこまで信憑性があるのか。当時はそこまで考えることなく、鵜呑みにして一喜一憂し、振り回されてしまいました。

　私が受験してから10年以上経つ今、時代は大きく変わったとしても、ネットの情報に左右されるのは変わらないように感じます。

　私が見ていた掲示板は、今もまだありますし、他のSNSも発展して、さらに多くの情報が受け取れます。

こういう情報にいちばん左右されるのは、採用試験の選考途中ではないでしょうか。

　私の受講生からも、

「掲示板にはこう書かれていたので、今回、私はご縁がなかったのかもしれない」

　と、落ち込んで連絡が来ることもあります。

　もちろん、その情報が結果として正しかったこともあります。でも、誰が書いていて、どこからの情報なのか、全くもって不明です。

　特に最終選考の結果は電話で受け取ることも多く、しばらく待たされるので、待つ側も本当に気が気ではない。いつ来るかも分からない連絡に、非通知でもちゃんと出られるようにしなくてはと、毎日気を病んでいるんですよね。

　余談ですが、私が受験していた会社で、電話選考なるものがありました。

　電話がかかってきて、志望動機などを聞かれます。

　私にかかってきた時に、先方が私の名前を読み間違えてしまったのもあって、その電話が選考の電話だと気づかず、間違い電話として対応してしまったのです。

　それに気づいたのは、だいぶあとになってからですが、なぜか選考を通過してしまい、とってもびっくりした経験があ

ります。

この話からも分かるように、選考のことは私たちには分かりません。

なのに、関係者でもない方が、あたかも正しい情報かのように掲示板に書き込む内容を、鵜呑みにしないでいただきたい。

最考結果の連絡日の午前中に電話が来ないからといって、内定が出ないわけではない。

しかし、みんなが内定に関する情報を良かれと思って流すことで、あたかも不採用かのように落ち込んでしまうのは、とても残念です。

もちろん、内定の喜びを分かち合いたい、他の方へ速報を流したい気持ちも分かります。

それでも、いろんな受験者がいることを意識して、配慮が必要です。

受け取る側も、「会社と関係のない情報」と、一線を引くことが必要です。

会社がなぜ選考結果までに数日設けているのか、想像を膨らませる必要があります。

一人一人に必要事項を伝えていくと、時間がかかるからかもしれない。一度では繋がらない方がいたり、繋がって

も嬉しさのあまり泣いてしまう方がいたり、電話口で内定を辞退される方がいたり、対応に少し時間がかかることを想定しているのかもしれない。

　それに、人事の業務内容はこれだけではなく、他の業務も多いでしょう。

　新卒採用と既卒採用の試験が続くのであれば、同時進行で対応しなくてはいけません。

　採用担当の人数に比べて、受験者の数は圧倒的に大多数。想像するだけでハードですよね。

　待っている側としては、もう居ても立ってもいられませんが、結果を伝えるには、時間が必要です。

　でも、ここでお伝えしたいのは、選考結果を待っている間、会社からまだ何も正式な結果を受け取っていないのに、掲示板の投稿やSNSの選考通過の速報を見て、勝手に次に進めなかったと決めつけないでほしいです。

　会社から連絡を受け取るまでの間は、次の選考の対策を進めてください。

　いろんな情報が錯綜するからこそ、自分を信じて、会社からの情報だけを信じる。周りからの情報に左右されることなく、自分をしっかり持って、会社の判断に任せ、会社の連絡を素直に待つ。

勝手に合否を決めない。

たくさんある他の情報に左右されず、会社と自分を信じていきましょう！

「うまくいかないやり方」に気づいていますか？

私の大好きな言葉がいくつかあります。

その一つがアメリカの発明王であるトーマス・アルバ・エジソンの、

「私は失敗したことがない。うまくいかないやり方を1万通り見つけただけだ」

という名言です。

受験をしていると、選考で次に進めないたびに、

「今回も失敗した」

と落ち込んで、自分の行いを責めてしまうことはありませんか？

「失敗はしてはいけないもの」

と自分を責めたところで、何もいい結果に繋がりません。失敗を汚点と捉えるのではなく、「うまくいかないやり方を見つけた」と、冷静に捉えることが大切だと思います。

次の選考に進めないのなら、

「どうして進めなかったのか」

「どうしたら良かったのか」

この振り返りと改善が、とっても大切です。

「進めなかったのは自分のせいだ」

と責めてばかりいて、事実を忘れ去ろうとしても、結果次も同じ繰り返しになりますよね。

「うまくいかなかった方法をまた一つ、知ることができた」

「解決策のストックをまた一つ増やせた」

と捉えて、成功までの道のりを設計してくださいね。

Chapter IV

受験の神様を味方につける
幸運を引き寄せるマインド

Chapter IV　受験の神様を味方につける幸運を引き寄せるマインド

38
CA 受験が育ててくれる「感謝できる心」

みなさんは豊かさについて考えたことはありますか？

豊かさってなんでしょう。

・お金のこと？

・モノの数？

・思考？

・時間？

・空間や環境？

いろいろあると思います。そして自分から出てきた答え
は全て正解です。改めてみなさん、考えてみてください。

・CA 受験をしているからこそ経験できた豊かさとは？

・CA になれた後に待っている豊かさとは？

・今のあなたの豊かさとは？

「豊かさ」は実は、どの瞬間を切り取っても存在していま
すが、それに気づくことは難しいのです。

私たちはないことにフォーカスすることはできるのに、
あることにフォーカスするのが苦手。

CA 受験っていわゆる夢を叶えるための手段ですよね。

周りを見渡してみてください。今こうして CA 受験がで

126

きる環境にいるから、これを当たり前に思うかもしれませんが、誰もが夢を追いかけられるわけではありません。もしかしたら家庭環境で、夢を諦めなくてはならない人もいるでしょう。夢を追いたくても経済状況によりできない人もいます。当たり前のように夢を追いかけて、自分が納得できるまでCA受験ができるって本当にありがたいことなのです。

「なんて豊かな時間を自分は使っているのだろう」

と思いませんか？

夢が叶わないことにフォーカスしてしまうと、

「なんて苦しいレースに入り込んでしまったのか」

と辛くなることもあるでしょう。

「夢をいつまでも叶えられなくて惨めな人生だ」

と思うことだってあると思います。それでも、CA受験をしているからこそ出会えた仲間や恩師もいて、学んだことも数多いのではないでしょうか。自分の好きなことをとことんやれるなんて、贅沢で幸せなことです。

「まだCAになれていない」

という点にフォーカスせず、今置かれた環境や人間関係を見返してみて、あなたの周りに溢れる豊かさを、今一度感じてみてくださいね。そこから生まれる**感謝や感情は、**

Chapter IV　受験の神様を味方につける幸運を引き寄せるマインド

必ず CA 受験での気づきになり、面接でも大いに役立つはず
です。

39
夢を追える環境に感謝

　私は大学生の時に、UNHCR で働く緒方貞子さんに魅了
されました。授業で難民という存在を知り、一時期は難民
のために働くことを思い描いていましたが、
「命をかけて彼らを守るという使命を私は全うできない」
　そう思い、この志は砕けました。
　もちろん国連に入れるような学力も英語力もなかったの
で、どんなに意気込んでいても難しかったのだと思うので
すが、今でも難民のために何かできることはないかと、日々
考えます。実際に現地に行くことはできないけれど、寄付
ならできる。私のできることを少しずつでもやっていきた
い。そんな想いで、できる時に寄付をしています。
　そんな UNHCR から冬を迎える時期、寄付の依頼を受
け取りました。これからやってくる極寒の時期、紛争地帯
や難民の多くいる地域、そしてウクライナやシリアといっ
た各地で、人々が家を失い暖かい防寒具すら手に入らず、

UNHCRの支援なしに越冬ができない方も多くいるそうです。UNHCRからの手紙を読みながら、改めて私は思いました。

「夢を描いて、夢を追うことができる。叶えるために頑張ることができる。私たちはなんて恵まれてるんだろう」

と。

難民の方々は、夢よりもまずは生活です。夢を見たくても叶えられない環境にいます。もしかしたら、安全に暮らすことがささやかな夢なのかもしれません。

頑張れば絶対受験に合格する訳でもありませんが、それでも夢を叶えようとできる、ということは当たり前ではないのです。

寒いから暖房をつけられるのも、暖かい服に身を包めることも、清潔で温かいお風呂に入れることも、全て恵まれています。

私たちは慣れすぎて、身の回りに溢れている幸せに気づいていないのではないでしょうか。

夢を叶えるために受験対策をしたり、スクールに通ったりできる方もいれば、家庭環境や経済状況、もしくは他の理由で夢を叶えることができない方もいるでしょう。**自分の夢を叶えるために邁進できることは、本当にありがたいこ**

Chapter Ⅳ　受験の神様を味方につける幸運を引き寄せるマインド

とです。

　私は、新卒採用の時は、経済的な理由でスクールには行けませんでした。ですが、受験生活8年目は、ローンを組んで、絶対叶えると決めて私のできることを精一杯しました。

「いくらでもお金が払えることが恵まれている」

　ということではなく、

「夢を叶えることを、自分以外の何かに遮られない」

　ということが恵まれているのです。

　受験をしていると、

「ゴールに辿り着けなければ、幸せじゃない」

　と、思いがちです。私もそうでした。

「叶えられない自分は不幸で、人生の負け組だ」

　と思っていた。

　でも、「CAになる」という夢を持てたこと、夢を叶えようと勉強できること、頑張れること、全てが本当に豊かです。

　夢を叶えるまで、時には苦しいこともあります。でも、この苦しさも夢を持つ者だから味わえるものなのです。

　夢を追える環境に感謝してみませんか？　そして自分のできることは精一杯やりきって悔いのない受験をしませんか？　うまくいかない状況を嘆くのではなく、恵まれた状

況に感謝をして、夢を叶えられるようにやるべきことをしていきましょう！

40
キャリア採用はただの「未経験」ではない

　仕事を続けながらキャリア採用に挑戦し続けているあなた！　他の職種に就いてから CA になれるって豊かなことだと気づいてますか？

　新卒で CA に合格した方が、豊かではないということを言いたいのではありません。

　既卒受験を続けていると、どうしても、

・私は CA に向いてないとレッテルを貼られた

・人生負け組

・夢を叶えられず、無駄な時間を過ごしている

こんなふうに、落ち込みがち。

「新卒で受かっていたら今頃、試験勉強もせずに楽しくフライトできていただろうな」

　と、「たられば」ばかり。

「いつになったら自分の就活は終わるの？」

「先の見えないトンネルの出口はどこ？」

「もしかして諦めた方がいいの？」

「どうしたら諦められるの？」

　と落ち込んで、自分だけ成長できていないように感じるかもしれません。

　私もそうでした。出口の方向も分からず、土の中でずっと穴を掘って外に出られないモグラのようだった。

　CAとして一緒に働いていた同僚には、

・看護師

・保育士

・銀行員

・ホテリエ

・美容部員

・ライフセーバー

　と、前職でいろんな経験をされた方が多く、いろんな業界や仕事の話が聞けて、学ばせてもらいました。それがとっても興味深くて、

「世の中にはこんなに知らない世界があるんだ」

　と、感心したものです。

　急病のお客様がいた時は、元看護師のCAがいると本当に心強く、入社時の訓練で学ぶ救急以上のことを知ることができて、勉強になりました。医療行為は、医師や看護師

など、医療従事者しか行うことができず、機内でCAが施せる救命行為の範囲は決まっているので、そこは厳守した処置にはなりますが、専門家の知識があるからこそ安心してできました。

　また、元保育士はお子様との接し方がプロなので、お子様用ベルトをいやがる時も、つけるように促すアクションが本当に上手でした。

　私は、必要性を分かってもらおう、と四苦八苦しているのに、彼女はぬいぐるみなどを使って気をそらさせ、自然とシートベルトを装着してもらう。その手際の良さには感心させられました。

　こんなふうに、**一見CAの業務とは違いそうな前職であっても、あなたの今の仕事が役に立つ日も来る**んです。

　私も地上職（GS）を経験したおかげで、イレギュラーの際、地上職がどんな対応をするか知っていたので、遅延したら荷物はどうなるのか、どこに聞きに行けばいいのかなど、スムーズに案内することができました。

　販売員としての経験は、機内販売での売上に繋がりました。どうやってこの商品の良さを伝えると売れるのか、どんなアプローチがお客様には刺さるのか、販売という仕事から得たものが活きました。機内販売の個人目標を「月に

Chapter Ⅳ　受験の神様を味方につける幸運を引き寄せるマインド

ぬいぐるみを10体売る！」と決めて、見事10体売り切っ
たことだってあるんですよ！　とっても嬉しい結果でし
た。

　英会話のカウンセラーだって同様です。お客様の本音を
お聞きする姿勢は、CAの時にも、今のコーチングにも役
立っています。

　CAになるまで、3回も転職して、

「私って何やってるんだろう」

　なんて思った時期もありました。

「CAになりたいのに、なんで販売員をやっているんだろ
う」

「なんで英会話学校で勤務しているんだろう」

「どんどん夢とかけ離れていくじゃないか」

　と絶望した時期もありました。

　でも、それらを経てCAになれた今、強く思うのは、私
たちには無駄なものは何もないのです。CAになれなかっ
た8年間として見るのか、CAになるために必要だった8
年間と見るかは大きな違いです。今この瞬間も、未来の豊
かさを作ってるんですよ！

「やりたくもない仕事をして、退屈だな」

「CAになっていたらもっと華やかな人生だったんじゃな

いか」

「こんな地味な仕事をしていて、一体何の役に立つというのか」

そんなふうに、現状にフォーカスせず、ここから何が学べるのか。CAにどう活かせるのか。

今、希望通りではないにしても仕事が与えられていることに感謝をして、豊かな経験と捉えれば見えてくる現実も違います。

社会人として経験していること、知っていること、できることはあなたの強みにもなるのです。

その強みをCAになる前に持てることは本当に素晴らしいことです。当たり前に誰もが持てるものではありません。

エアライン業界しか知らないより、他の業界を知っているからこそ、エアラインの良さも実感できる。これって素晴らしいと思いませんか？　そこに誇りを持って今の仕事を全うしましょう！

41
給料をいただきながらCA受験ができていることに感謝

私自身が既卒受験をしている時、

Chapter IV　受験の神様を味方につける幸運を引き寄せるマインド

・なぜ私はこの会社にいるのだろう

・なぜこんなにやりたいことができてないのだろう

・なぜ空を飛べずに地上にいるのだろう

・なぜやりたい仕事に就けていないのだろう

　と、勤務中に考えては悲しみに暮れていました。

　でもある時、会社の先輩に、

「あなたの働きに対して会社がお金を払っているというこ
とを、しっかり自覚してね」

　と言われてはっとしました。

　仕事に身が入らず、CA受験のことばかりを考えている
間も、会社は私にお金を払ってくれているのです。いい働
きだとしてもそうじゃないにしても、毎月決まったお給料
を会社は払ってくれる。それに対して当たり前のように
思っていました。

　当時の私は、

「給料を貰えているのだからそれに応えよう」

　とは思えず、むしろ、

「働いてあげている」

　そんな意識が強かったんですよね。

　どんな熱量の働き方でも、会社員なら一定の決まったお
金が振り込まれるのです。転職をしようと考えている私に

も、毎月払ってくれる。そんな環境で受験ができるのは恵まれています。

　お給料をいただきながら仕事という経験をさせていただけて、CA受験のネタもできる。ありがたいですよね。

　それに気づいてからは、目の前の仕事に身を入れて、一生懸命、取り組むようになりました。そして、そこから何を学べるのか、仕事としての経験をCA受験に活かさないなんてもったいないと、感謝と向上心で、仕事にもCA受験にも取り組みました。

　仕事をしながら受験をすることは二足の草鞋を履いているようで大変だと思いますが、**今現在、仕事ができていること、受験の対策にお金を使えること、お金をいただきながら経験と知識を積み上げられていることに感謝**をしてみましょう。

　必ずあなたのお守りにもなりますよ。

42
不安と恐怖を感謝に変える

　選考の結果を待つ間、不安でダメ出しばかりしていませんか？
「面接官のあの表情どうだっただろう」

Chapter IV　受験の神様を味方につける幸運を引き寄せるマインド

「自分のあの受け答えがダメだったんじゃないか」

　面接が終わった直後は、

「やり切った！」

　と、喜びに満ちていたはずなのに、徐々に充実感や満足感は萎んでしまい、不安や心配事が膨らんでいくんですよね。

　でも、そうやって悩んでいる間も時間は過ぎていき、次の選考に進めることができたとしても、対策が間に合わないこともありますよね？

　自分の行いを後悔してしまうのも分かるのですが、悔やんでも次の対策にはなりません。

　まずは、ここまで頑張ってきた自分にも、面接に進めたことにも感謝して、次の選考に向けての有意義な時間にしてほしい。

　喜びや幸せの感情は慣れて忘れてしまいがち。一方で、心配事や恐怖はいつでも新鮮に思い出すことができる。やり切った充実感や満足感、選考に進めた幸福感は忘れていくのに、失敗したことは忘れられない。

　私たちはネガティブなことを考えるのは得意なので、気にし出したらいくつも悪いところを探し出せるのです。

　そこで、みなさんにぜひしてほしいのは、その不安を感

謝に変えてみることです。

　例えば、最終面接の結果待ちだとします。そもそもエントリーシートが通過できたことも、一次面接がうまくいったことも、幸せなことなんです。何千通、何万通も届くエントリーシートを誠実に読んで選んでいただけたこと、たくさんの受験生との短い面接の中から、自分の意図を汲み取って、次も呼んでいただけることも、本当にありがたいことです。

　採用担当にとっては、それが仕事ではありますが、多忙の中、選んでくれたことに対して、感謝してもおかしくないですよね。

　受験をしていると企業に対する感謝を忘れがち。結果を待つ間、向き合ってくださったことに感謝をしてみませんか？

　結果を待つのは苦しいと思いますが、あえて不安を創造するのではなく、感謝に意識を向けてみてください。

　たとえ今回、採用に至らなかったとしても、また次に繋げようという意欲になりますよ。

コラム

初めて制服に袖を通した思い出

　GS で入社した時も CA になれた時も、制服に袖を通した
あの瞬間は今でも忘れられません。なんだか身が引き締まる
想いと、やっと一員になれたという嬉しさで、同期とその場
でたくさん記念写真を撮ったことを覚えています。

　まだまだ初々しくて、制服に着られている感じが否めま
せんでしたが、あの頃の写真を見ると、「よかったね」と
微笑ましく思わずにはいられません。

　特に記念写真で思い出深いのが、CA になりたいと語り
合っていた GS 時代の同僚と、夢を叶えたそれぞれの会社
の制服で記念写真を撮ったことです。

　数年前までは一緒に GS として働き、募集が出るたびに
頑張っていた姿を知っていたので、ともに CA になる夢を
叶えて制服に身を包んでいる姿は感無量でした。お互いの
制服姿に感動しながら、飛行機の模型を持って撮影したり
と、あの瞬間本当に幸せいっぱいでした。「諦めずに受け
続けてよかったよね！」そうやって喜び合えたことは、全
ての受験期の苦労を労ってくれるものでした。

　みなさんも夢を叶えて、その姿を写真館で撮る未来を楽
しみに、今の受験期間を乗り切ってくださいね！

Chapter V

CA受験の基礎を固める毎日のワーク

Chapter V　CA受験の基礎を固める毎日のワーク

43
地道な努力なくしてCAへの道作れず

　CAになってから思うのは、難なくCAになっている人が自分が思うほど多くないということ。

　もちろん中にはGSになりたかったけれどCAしか受からなかった人もいれば、CAを目指したわけではなく、職業の一つとして受けてみたら合格した、という人もいます。CAを目指していた私にとってはとても羨ましいパターンです。

　それでも大多数は、新卒でご縁がなくて、**既卒で頑張った方でした。**就活期はどうだったかと聞くと、みんな泥臭く乗り越えていました。

　なかなか思うように内定に手が届かず、スクールに通い、他の仕事をしながら数年間、挑戦を続けてやっと。改めて自分だけが長年苦戦していたわけではなかったと知りました。

　就活期に現役の客室乗務員とお会いする機会は滅多になく、会えても飛行機を利用した時がほとんどです。受験生からしたら、仕事中の姿はキラキラして、苦しかった就活時期なんて微塵も感じさせませんよね。でも、むしろ本当

に苦しかった時期があるからこそ、夢を叶えてキラキラしているのでしょう。

　今は大変ですが、**どう乗り越えるか、当たり前のことをいかに丁寧に積み上げられるかが、本当に大切**だと思います。

　面接の練習にエントリーシートの作成、企業研究、自己分析、どれも地味だけど、ここをコツコツと取り組んだ結果は、必ず良い未来を作りあげます。

　簡単に受かっている人は多くはないでしょう。ただそう見えているだけかもしれません。みんな見えないところで地道に頑張っているから夢を叶えられているのです。

　あなたも、ワークを使って、毎日取り組んでみましょう！あなただけのサクセスロードを作って、CA になる未来を構築しましょう！

44
24 時間を把握できる者が CA 受験をも制する

　よくみなさんから、
「CA 受験と仕事を両立したいのに時間が確保できないんです」

と、相談を受けることがあります。さらに、できない現状を、CA受験への情熱のなさからくるものだと悩まれている方もいます。

もちろん、

「本気で受かろうとしていないのかもしれない」

という方もいるかもしれませんが、圧倒的に多いのは、自分の24時間の管理ができておらず、するべきことの優先順位を分かっていない方です。

いえ、分かってはいるのですが、

「時間がない」

「忙しい」

という理由をつけて、やるべきことを後回しにしているのです。

本当にやる気がないなら、受験をやめたっていいんです。でもやめられないのは、CAになりたいからですよね。それなら、**するべきことをする時間を確保**しましょう。

私は24時間を円グラフにしていて、1日の過ごし方を今でも管理しています。

絶対に譲れないのは起床時間と就寝時間です。私はしっかり睡眠を取らないといいパフォーマンスができないので、起床は4時半で就寝は21時と決めています。その上

で残りの時間を使って、必要な時間を組み込むようにしています。

　例えば、

・仕事の時間（コーチングや投稿）

・学び

・息子との宿題などの時間

・読書

・家事（食事やお風呂、掃除）

　これらは「絶対する」と決めて円グラフに書き込んでいます。もちろん時には友人とのランチを入れたり、お出かけの日を作ったりもしますが、基本の時間割といった感じです。

　ここからが大切で、私にとって必要のない無駄な時間は何かを考えます。

　私にとって無駄だなと思うのは、

・ネットサーフィン

・スマホを目的もなく見る

・ダラダラテレビを観る

　こういった時間です。これらが一概に悪いという意味ではなくて、夢を叶えるためには、削いでいかなくてはいけない項目であり、私の時間を邪魔するものという意味合いです。

もちろん土日はゆっくりテレビを観ることだってありますし、子育ての一環で息子と一緒にアニメも観ます。

全くしないわけではなく、目的もなく観ない、ということです。元々はテレビ大好き人間なので、ディズニー映画などは気分転換に観ています。

私がここで言いたいのは、**「やるべきことができないのなら、それを邪魔するものは一旦取り除こう」**ということです。

人は、やるべきことがあるのに、無駄なことに意識が行きがちで、気づいたらその割合が多くなって、時間が足りなくなっています。

「今日一日、また CA 受験の対策ができなかった」

と反省する苦しさは、みなさんいやですよね？　それなら必要な時間を先に確保して、不要なものをできるだけしないよう意識してみましょう。

もちろん、

「スマホをいじる時間を 0 にしよう」

ということではなく、優先順位を明確にする、ということです。

やるべきことをスケジュールに落とし込んでいけるようになると、自然と一息つくのも上手になるはずです。

私もあるゲームにハマっているので、休憩したい時に、

「2度だけして作業に戻る」なんてことをしていますよ。うまく息抜きの時間を取り入れる方が、仕事でも勉強でも効率が上がります。

　時間にコントロールされるのではなく、**自分が時間と生活をコントロール**できるようになれば、ベストです。

　ご自身の時間割を作った上で、毎日受験対策に取り組むことができたら、継続力にも繋がり、自己効力感も高まります。

　毎日少しずつでも勉強ができるようになれば、不安も減らすことができます。

　人生全体から見たら、CA受験はほんのわずかな期間です。私の8年間も、人生100年から見たら、ほんの一瞬です。「この瞬間を頑張らないで、いつ頑張るんだ！」

　と、自分を励ましてあげてください。

　内定までの時間を数年にするのか、数ヶ月にするのかもあなた次第です。

　何もしなくて「棚からぼたもち」で内定がもらえるなんてドラマの話です。コツコツ毎日積み上げていくしかありません。

　162ページに時間割用の円グラフがありますから、仕事がある日、ない日、それぞれのタイムスケジュールを作っ

Chapter V　CA 受験の基礎を固める毎日のワーク

て、ご自身の行動を可視化していきましょう！

45
「なんでなんで攻撃」で思考のトレーニング

　ここまで何度も思考のトレーニングは大切だとお話してきました。

　思考が全ての土台となり、この土台があるからこそ面接も企業研究も有意義なものになります。

　思考のトレーニングはいつからでもできます。ぜひすぐにでも日常に取り入れてくださいね。

　日々の積み重ねが大切なので、即効性を感じなくても諦めないでください。

　筋トレと同じです。1 日やったからといって、ボディービルダーのようにはなりませんよね。でも、毎日コツコツ積み重ねたら確実にあなたの思考は変わります。

　訓練の方法は至ってシンプルです。

　とにかく自分に対して**「なんでなんで」攻撃**をする。

「なんでそう思うの？」

「なんでそう感じたの？」

　と、問いかける。

148

幼少期の子どもが家族に対して「なんでなんで」となんにでも興味を持って聞いていたようにです。

　私も息子によく「なんでなんで攻撃」を受け、その時こそ知識を深めるチャンスだと思って、できるだけ一緒に調べるように心がけています。

　子どもの時は知らないことが多いので、「なんでなんで」と知ろうとする。でも、成長するに従って、ある程度推測する力がつき、深く知ろうとせずに放置する癖ができてしまいます。自分が何を考えているのか深く考えなくなってしまう。少なくとも私はそうでした。

　これからは、「なんで？」と自分に問いかける癖をつけてください。

「なんでなんで攻撃」を活かす思考のトレーニングを２つご紹介します。巻末のワークと合わせて活用してください。

46
「なんでなんで攻撃」—日常編—

　まずは、164 ページの「work Ⅱ」を活用して、毎日取り組んでください。

　湧いてきた想いや、目の前の出来事、仕事に失敗したこ

とや、うまくいったこと、ふと思い立ったことや、誰かの姿を見て感じたこと、ニュースを見て思ったこと、なんでもです。

その時の想いを全て書き出して、第三者の自分を登場させて、

「なんでそう思ったの？」

「なんで悲しかったの？」

「なんでこんなふうに感じたの？」

「何がそんなにショックだった？」

「そこから何を学んだの？」

「そこから次に活かすにはどうしていきたいの？」

「反省点は？」

「改善するならどうする？」

と、質問責めにしてください。

その回答に対してもさらに、

「それは具体的に言うと？」

「日常生活でそう感じたエピソードは？」

と、まるで面接官のように自分に尋ねましょう。

みなさん、きっと何気なく毎日思考を巡らせているのですが、意識できていないんです。だから、忘れてしまうし思い出せなくなる。それはとてももったいないことです。

記憶に留めるためには、思いついた時、感じた時にしっかりノートに書き起こしましょう。

　仕事で失敗したことやうまくいったことから何を学んだか、どんな改善点があるのかを振り返ることは、面接対策としても、とっても大切です。

　実際、私は、

「仕事でうまくいかなかった時にどう対応しましたか?」

　と、最終面接で聞かれました。

　以前の私でしたら、仕事をしているはずなのに全く思い浮かばずに、それらしいことを話し、追求されると自分でもよく分からない回答で終わっていました。

　しかしこのワークで毎日振り返りをするようになったことで、起承転結を意識しながら面接官に共感していただける話ができるようになりました。

　ぜひ、頑張れたことや褒められたことも書き出してください。これらは自分の強み探しに繋がります。

　また、「幸せだ」と感じたことや喜びは忘れやすいので書き残しておきましょう。**なぜそう感じたのか、理由も必ず考えるようにしてください。**

　面接でも、

「最近嬉しかったことは?」

と、聞かれることもありますが、理由も説明できると好印象です。

そして何よりも、**1日の終わりに自分を褒めましょう。**今日1日を通してよく頑張ったことがあれば、必ず書き出して残しておきましょう。これはとても大切です。

「私なんて、取り柄もなければ褒められるに値しない」

と思っている方がとても多いので、普段から自分のちょっとしたことを褒めて認めてあげる癖をつけてください。自分の良いところに目が向けられるようになると、自然と他者へもいいところ探しをできるようになりますからね。

47
「なんでなんで攻撃」─受験と人生の深掘り編─

もう一つ、「work Ⅲ」を使って、自分の受験や人生観を深掘りしてみてください。自分にどんな想いがあるのかが明らかになり、さらに「なんでなんで攻撃」をすることで、理由も説明できるようになります。

面接官は、あなたの人となりをいろんな角度から質問して、理解しようとします。

「それはなぜですか？」

「なぜそう思ったのですか？」

「そこから何を学んだのですか？」

　と質問攻めにします。

　そんな面接に備えて、普段からあなた自身で徹底的に質問攻めにしておきます。そうすることで、どんな質問が来ても自分なりの回答ができるはずです。たとえ回答を用意していなくとも、自分で瞬時に考えて伝えられるようになるはずです。

　ただ面接で聞かれそうなことだけを練習するよりも、普段から自分の価値観を明確にすることで、「自分軸」を太くすることもできます。一つ一つ自分の大切にしている想いを文章にして、「なんでなんで攻撃」を行う。そうすることで「自分軸」も出来上がるはずです。

　CAになってからでも、「自分軸」は活かせます。CAの業務にはマニュアルがありますが、マニュアル通りにいかないことばかりです。そんなときも、自分軸が助けてくれます。

　思考のトレーニングをしていただくために、巻末の「work Ⅲ」に質問をたくさん用意しました。まずは手始めに質問に回答してみましょう。

Chapter V　CA受験の基礎を固める毎日のワーク

「そこから学んだのは？」

「改善点は？」

「次に繋げるためには？」

「心が大きく動かされたエピソードは？」

　と、自分に「なんでなんで攻撃」をしてくださいね。

　企業研究でも、

「これはどういうこと？」

「何を伝えたいんだろう？」

「どうしてこのビジョンを掲げているんだろう？」

　と、企業を分析すれば、面接やエントリーシートの表現力が格段に上がります。

「筋トレは裏切らない」と言いますが、思考のトレーニングも裏切りません。どんどん鍛えていきましょう。

48
自分の中に可能性を感じている証

　人生の中で「あれをしたい」「これをしたい」と思う瞬間はたくさんありますよね？　でも大半が忘れてしまったり、一過性だったりします。あるいは自分には無理だと決めつけてやめてしまうこともあります。

でも、今、仕事をしながら受験をしているあなたは、本当に CA になりたくて、いつか必ず CA になれる自分を想像できるからこそ頑張っているのではないでしょうか。むしろ想像しないとなれません。

私の大好きな言葉で、就活中もいつも大切にしていたものがあります。

ウォルト・ディズニーの「If you can dream it, you can do it.」（夢を見ることができれば、叶えることができる）という名言です。夢を持つことは時として苦しいこともあるけれど、「叶わないかも」と思った瞬間、きっと叶わないという道しか歩めない。叶わないような行動しか選ばないんです。

でも、どんなイバラの道でも、叶えられると信じて突き進めば、時間がかかっても夢を掴むことができる。8 年間かけて CA になれた私はなれると信じる道を選択して、歩み続けました。

30 代に差し掛かれば、「なれると信じる道」からいつ離脱すべきか、分からなくなることもあるかと思いますが、

「CA になりたい！」

「CA として働いてみたい！」

と、少しでもその想いがあるのなら、いくつになってもなれる道を歩みましょう！

悩むこと自体が、「CAの夢を叶えたい」という強い想いです。

諦めることもやめることもいつでもできます。

諦めないことは諦めることよりも多くのエネルギーを要します。心から納得して諦められたら楽だと思いますが、少しでも「CAになりたい！」という灯火があるのなら、それを無視せず、どんな形でも諦めずに納得いくまで邁進してみましょう。それが、あなたのありたい道へと導いてくれると信じています。

諦めそうになったなら、一度諦めてもいいです。やめてみてもいい。その時に自分と向き合ってみたら、自ずと選ぶべき道が分かるはず。なりたいという想いが消えない限りは、叶えようと努力することをおすすめします。

「CA受験を続けたい！」

「CAになりたい！」

その想いを胸にもう少し頑張ってみましょう！

CAになるために自分と向き合うワーク

CAになるために 自分と向き合うワーク

私が実際に毎日取り組んだワークをご紹介します。
実際に書き込み、思考の筋トレに役立ててください。

work I

1日のタイムスケジュールを作ってみよう

　効率よく受験勉強の時間を確保するためにも、24 時間のスケジュールを円グラフに落とし込んで 1 日のタイムスケジュールを作ってみましょう。たとえその通りにいかない日があっても、時間を有効的に使うことができます。

　まずは、次の手順に沿って、必要な時間を書き込み、可視化しましょう。

　1：絶対に確保すること、受験対策ですべきこと、受験対策に不要なことをそれぞれ箇条書きで全て書き出してみましょう

　2：書き出した「絶対に確保する時間」と「受験対策ですべきこと」を円グラフに書き込みましょう

ＣＡになるために 自分と向き合うワーク

　手順１、１日の中で「絶対に確保する時間」には、たとえば、睡眠時間、食事の時間、仕事をする時間、通勤・通学時間、家事育児に費やす時間、入浴時間などを書き出してみてください。

　手順２、「受験対策でするべきこと」は TOEIC の勉強、面接練習、自己分析、企業研究など、ご自身の強化すべきものや、苦手で毎日積み上げる必要があるものを書き出してみましょう。

　手順３、「受験対策に不要なこと」を書き出しましょう。たとえば、ダラダラとテレビを観ること、目的もなくインターネットや SNS を見ることなど、「これをしていると一向にやるべきことが捗らない」ということがあれば、全てここで可視化してみてくださいね。こうすることで、夢の妨げになっている行動が明確になり、ついついやってしまう瞬間があっても、「今するべきことではない」と気づくきっかけにもなります。

私のタイムスケジュール

①絶対に確保する時間

②受験対策でするべきこと
　　ex)TOEIC対策、面接練習、自己分析等

③受験対策に不要なこと
　　ex)ダラダラスマホ・TVなど

CAになるために 自分と向き合うワーク

仕事がある日

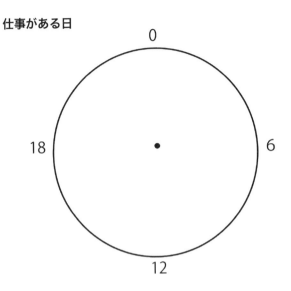

休日

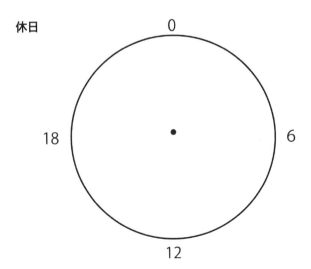

必要なことや不要なことを洗い出した上で、円グラフに落とし込んでみると、毎日忙しくて手が回らなかったと思うような1日でも、実は余剰があることにも気づけます。

　また、円グラフに落とし込む際のおすすめとして、まずは睡眠時間を十分確保してください。長期戦を乗り切るためには健康が第一です。睡眠時間を削って長期間頑張ると心身ともに疲弊してしまいます。無駄な時間を省けばたっぷり睡眠時間を確保しながらでも受験対策はできます。

　睡眠時間や仕事の時間、入浴時間、食事の時間などを書き込んだ後に、隙間時間にCA受験対策を組み込んでみましょう。完成させた時、思いのほか自分のために使える時間が多いことに気づきますよ！

　スケジュールは、仕事がある日と休日とで分けて作りましょう。休日に遊ぶ時間もしっかり確保してもいいと思います。時には思いっきり遊んで、いろんな景色を見る。それが面接にも活かせて、リフレッシュすることで効率よく受験を乗り切れますからね。

ＣＡになるために 自分と向き合うワーク

work Ⅱ
「なんでなんで攻撃」で思考のトレーニング
―日常編―

　とにかく自分の思考するもの全てを書き出します。参考までに私が１年間、毎日ノートに書き留めた項目をご紹介しますので、参考になさってください。

　①通勤途中にふと思ったこと、感じたことなどを書き出してください。なぜそう感じたのか。そこから何を学んだのかも書いてみましょう。
　例：今日は小鳥の囀りがよく聞こえるな。こういう自然の何気ないことって幸せを感じるな。そうだ、私は自然豊かな田舎で育ったから、自然の音に懐かしさと共に癒されているんだな。

　②仕事で失敗したことを書き出してみましょう。さらになぜ失敗したのか、どう改善したら良かったのか、何を学んだのかも考えてみましょう。

　③仕事でうまくいったことを書いてみましょう。なぜう

まくいったのか、より良くするためにはどうしたらいいの
か、その時に何を学んだのかも書き出してみましょう。

　④仕事の同僚から学んだことや自分も取り入れたいと
思ったことがあれば書き出してみましょう。

　⑤今日１日、頑張れたことや人から褒められたことを
全て書き出しましょう。そこから自分の強みは何かを考え
て、まとめてみましょう。

　⑥今日幸せだなと感じたことを全て書き出してみましょ
う。どうしてそう感じたかはすぐ忘れてしまうので、書い
ておきましょう。

　⑦自分自身への褒め言葉を毎日書きましょう。また、家
族や友人、仕事仲間など、誰かの良いところも書き出して
みましょう。

　この７項目の回答欄を５日分、次のページに用意しま
した。まずは５日間、取り組んでみてください。慣れて
きたら、ご自身でもたくさん質問を考え、毎日の習慣に取
り入れていきましょう。

CAになるために 自分と向き合うワーク

月　日（　）

①通勤でふと思ったこと、
　感じたこと、なぜそう思ったのか

②仕事で失敗したこと。なぜ失敗したのか？
　次につなげる改善点は？　そこから何を学んだ？

③仕事でうまくいったこと。なぜうまくいったのか？
　より良くするためには？　何を学んだ？

④仕事の仲間から学んだこと、取り入れたいと思ったこと

⑤今日、頑張れたこと、人から褒められたこと

⑥幸せだと感じたこと

⑦自分を褒めましょう

ＣＡになるために 自分と向き合うワーク

月　日（　）

①通勤でふと思ったこと、
　感じたこと、なぜそう思ったのか

②仕事で失敗したこと。なぜ失敗したのか？
　次につなげる改善点は？　そこから何を学んだ？

③仕事でうまくいったこと。なぜうまくいったのか？
　より良くするためには？　何を学んだ？

④仕事の仲間から学んだこと、取り入れたいと思ったこと

⑤今日、頑張れたこと、人から褒められたこと

⑥幸せだと感じたこと

⑦自分を褒めましょう

CAになるために 自分と向き合うワーク

月　日（　）

①通勤でふと思ったこと、
　感じたこと、なぜそう思ったのか

②仕事で失敗したこと。なぜ失敗したのか？
　次につなげる改善点は？　そこから何を学んだ？

③仕事でうまくいったこと。なぜうまくいったのか？
　より良くするためには？　何を学んだ？

④仕事の仲間から学んだこと、取り入れたいと思ったこと

⑤今日、頑張れたこと、人から褒められたこと

⑥幸せだと感じたこと

⑦自分を褒めましょう

ＣＡになるために 自分と向き合うワーク

月　日（　）

①通勤でふと思ったこと、
　感じたこと、なぜそう思ったのか

②仕事で失敗したこと。なぜ失敗したのか？
　次につなげる改善点は？　そこから何を学んだ？

③仕事でうまくいったこと。なぜうまくいったのか？
　より良くするためには？　何を学んだ？

④仕事の仲間から学んだこと、取り入れたいと思ったこと

⑤今日、頑張れたこと、人から褒められたこと

⑥幸せだと感じたこと

⑦自分を褒めましょう

CAになるために 自分と向き合うワーク

月　日（　）

①通勤でふと思ったこと、
　感じたこと、なぜそう思ったのか

②仕事で失敗したこと。なぜ失敗したのか？
　次につなげる改善点は？　そこから何を学んだ？

③仕事でうまくいったこと。なぜうまくいったのか？
　より良くするためには？　何を学んだ？

④仕事の仲間から学んだこと、取り入れたいと思ったこと

⑤今日、頑張れたこと、人から褒められたこと

⑥幸せだと感じたこと

⑦自分を褒めましょう

work Ⅲ

「なんでなんで攻撃」で思考のトレーニング
―受験と人生の深掘り編―

　ここでは、受験についてのあなたの考えや、人生における価値観について、質問をたくさんご用意しました。

　自分の想いを書き出したあとにそれぞれに対して「なんでなんで攻撃」をしてみましょう。

　このワークに載せたものはあくまでも一部です。思考のトレーニングをするためのトピックはどこにでも溢れています。ニュースからでも、企業研究をする際の資料からも。CA受験を乗り切るため、その先の人生をも大切にするために、しっかり考えていただきたいことを記載しますので、あなたなりの答えを書き出してくださいね。

　「こんな考えでいいのかな」とか、「こんなの受かるような答えではないのでは」と、ジャッジしなくて大丈夫です。まずはあなたがそう思うこと、大切にしている想いを知ることが大切です。

CAに本当になりたいですか？　なぜなりたいですか？
なれなかったらどうなると思いますか？

あなたにとってCA受験とはどういうものですか？

CAを経験してみたい理由はなんですか？

CAになるために 自分と向き合うワーク

あなたにとって働くとはどういうことですか？

あなたにとって「私らしさ」とは？

どんなふうにチャレンジしていきたいですか？

どんな私でCA受験を乗り越えていきたいですか？

CAになったらどんな生活をしたいですか？

CAになった先にどんな未来を描いていますか？

CAになるために 自分と向き合うワーク

あなたにとって"ご縁がある""ご縁がない"とはどういうことですか？

サービスを提供できる職種はたくさんあるのに
なぜCAなのですか？

あなたのどんなところがCAという職に貢献できますか？

あなたにとって幸せとは？

あなたにとって成功とは？

あなたにとって人生のゴールとは？

その他の自分への質問

・おもてなしとは？

・チームワークとは？

・覚悟をするとは？

・成長するとは？

・あなたにとって仲間とは？

・年齢はあなたにとってどういうものですか？

・あなたにとって「完璧」とは？

・会社に貢献するとはどういうことですか？

・どんな生き方をしたいですか？

・あなたが大切にしているモットーは何ですか？

・どんな時に幸せを感じますか？

・日常で大切にしていること、 心がけていることは何
　ですか？

・苦手だと思っていることは何ですか？

・苦手をどう克服しますか？

なんでなんで攻撃を含む質問一覧

・なんでそう思ったの？

・その理由は？

・なんで気になったの？

・なんでうまくいかなかったと思う？

・なんでうまくいったの？

・なんでいやな気持ちになったの？

・なんで嬉しいと思ったの？

・なんでそれが大切なの？

・そこから何を学んだの？

・どんなことに気づいたの？

・それを次に活かすためにはどうしたらいい？

・普段の仕事に活かせるところは？

・CA になった時に活かせることは？

・他にどんな表現ができる？

　きっとこの枠では書ききれないと思いますので、思考トレーニング用のノートを1冊準備してもいいかもしれません。

　さあ！　あなたの思考をしっかり深く掘り出してみましょう！

✈ おわりに

　この本を最後まで読んでくださり、本当にありがとうございました。

　読む前よりも少しは CA 受験に前向きになれましたか？今まで悩んできたことは自分だけが持っているものではなく、CA 受験ではよくある悩みだということを知って、心が少しでも軽やかになっていただけたら幸いです。

　そして、試験に受かるような回答を意識して、受かるような人物になる必要がないことも、本書を通して感じ取っていただけたら嬉しいです。

　私自身、CA という職業を自分の価値よりも遥か上に置き、雲の上の存在にしてきました。そうして受験期を過ごしてきたからこそ、本来の自分を無視して理想像に自分を押し込めて、苦しい受験をたくさん経験してきました。

　振り返れば、CA 受験は至ってシンプルです。難しくしていたのは自分自身。自分を卑下し、他人と比較するようなマインドを変換させて、自分をもっと大切な存在として認めてあげる。そのためにも、自分の思考をしっかり掘り下げて、思考の傾向や行動のパターンを知る。自分を知り尽くすことが、企業研究にも面接練習にも大切です。

難しいことは決して書いていません。シンプルだからこそ、こんなこと？　と思うかもしれませんが、それができていないのが、企業研究も面接練習もあなたらしさを発揮できない要因です。読み終えた今日から、すぐ始められるものばかりです。

　今までなぜやってこなかったのか？　なんて自分を責める必要はありません。これに気づけたことが、一歩を踏み出した証です。気づけたのだから、実践してみましょう！

　マインドはいつだって癖があるので、何度でも同じマイナスな思考がひょっこり顔を出してきます。でも、そんな思考に気づいた時には、Chapter III の自分の悩みに近い手放したいマインドのページを開いてくださいね。繰り返すことで、思考の癖も薄らいできます。いつだって前向きに受験を捉えられるようにしていきましょう！

　かつては CA になることが人生最大のゴールだと思っていました。コロナ禍で天職だと思っていた CA を失業し、私には何もできることはないと思っていました。それでも、苦しい時をどう乗り越えるかで人生は明るいものになる、今日まで自分にできることは何かと問い続けながらこうして今を迎えています。

　自分を卑下するのをやめて、自分に価値を見出して、自

分の未来に希望と可能性を見出せた時、かつての自分が思う以上の未来が広がってきます。「自分と向き合い、自分を知る」これは受験においてもその先の人生においても、とても大切です。CA受験をきっかけにあなたの人生がより良いものになることを願っています。

　CAになることがゴールではないですよ。その先の人生の方がはるかに長いですからね。

　自分の人生を変えてしまうほどのエネルギーで、ぜひ、あなたに向き合ってくださいね！　必ず、道は開けます！

　私の夢の一つは、この本を読んでCAになる夢を叶えた方と、空港でお会いすることです。叶えた時、CAになった時、空港で私を見かけたら、ぜひ声をかけてくださいね。楽しみにしております。

「出版」という夢を叶える過程でお世話になった方々へのお礼

　私が本を出版したいと漠然と夢を語ったのが3年ほど前でした。失業してすぐに、後の師匠となるコーチに出会い、コーチングを受けた時に何気なくポロッと出た夢でした。

　出版の夢が出てきたと同時に「何も諦めないママを増やしたい！」を体現されていたOuitote KOBE（ウイトート

神戸）の太田綾希さんに憧れ、いつか彼女と仕事がしたいという夢を持ちました。

　綾希さんとはその後、Ouitote のバッグ販売のポップアップを通してお仕事をさせていただく機会に恵まれ、私が「いつか本を出したいんです！」と綾希さんとデザイナーの松尾麗さんに想いを伝えたところ、「まずは企画書よ！」と言ってくださいました。お二人はごく自然に「夢は叶えられるもの」という前提で、決してそれは難しい夢だとも言わずに、背中を押してくださいました。

「いつか本当に本を出せたら麗さんが表紙を描いてくださいね！」とお願いをしたあの日から、私は企画書を書いてその夢を叶えました。Ouitote を知り、綾希さんと麗さんに出会い、夢を叶える機会に恵まれました。

　麗さんはイラストに、私から受験生へのエールと受験生の「絶対にこの夢、掴む！」という想いを吹き込んでくださいました。お二人との出会いには感謝してもしきれません。本当にありがとうございます。

　そして、いつも応援してくださる師匠、コーチ仲間、CA 受験の戦友である Anna さん、私と出会ってくださった受講生のみな様、そして私の企画書を見て、いいものになると言ってくださった株式会社みらいパブリッシングの

副社長田中英子様、そしていつも伴走してくださった編集担当の佐井亜紀様、本当にありがとうございました。感謝でいっぱいです。

　想いだけは人一倍あると思い、出版すると決めたものの、国語が苦手で文章力もつたなく、執筆していく中でこれほどまでに自分の文章力がないのかと落ち込むこともありました。そんな時も、編集担当の佐井さんが伴走してくださり、私のつたない文章を「伝わる文章」に組み立てて、私が伝えたいこと以上に伝わる構成にしてくださいました。私一人が著者でいいのかと思うほど、心強い存在でした。心から感謝しております。ありがとうございました。

　ここに至るまで、たくさんの方々の支えがあってこそ、私の夢の一つである、「出版をして社会貢献をしていく」一歩を踏み出すことができました。心から感謝申し上げます。本当にありがとうございました。

　CA になりたい全ての方が、CA になってあなたに価値をつけるのではなく、価値あるあなたが CA になり、人生そのものが豊かなものになりますように！

　最後に私の夢をいつも応援してくれる夫と息子、両親に心からの感謝を込めて。

AKIKO

著者

AKIKO(あきこ)

　長野県出身。日本女子大学卒業後、新卒で株式会社JALスカイに入社。その後、販売員、英会話スクールのカウンセラーを経験し、CA受験8年目にしてようやく客室乗務員の夢を叶える。しかし、コロナ禍でCAを失業。現在は、「自分に自信が持てないCA受験生のためのマインドコーチ」として受験生が自分の良さを自分で認め、前向きに受験に臨めるようコーチングと講座を提供。CAになることもその先の人生も諦めない女性を増やしたいと願い、活動中。
　インスタグラム　@akiko_coaching

イラスト

松尾麗（まつおれい）

　兵庫県出身。流行にとらわれず自由に表現するものづくりブランド『CASA PICASSO』主宰。幼馴染の立ち上げたバッグブランド『ウイトート　コウベ』のデザイナーも兼任。エシカルなチャームやアクセサリーなど、こどもの頃から好きだった絵やデザイン、ファッションを軸に、自分も周りもしあわせになることを大切にした活動を続けている。
　インスタグラム　@casa_picasso5

企画 モモンガプレス

あなたのままで CA(シーエー) になる
ＣＡ(シーエー) 受験のお守(まも)りになる 48 のマインドレッスン

2025 年 4 月 25 日 初版第 1 刷

著者／AKIKO
発行人／松崎義行
発行／みらいパブリッシング
〒 166-0003 東京都杉並区高円寺南 4-26-12 福丸ビル 6 F
TEL 03-5913-8611　FAX 03-5913-8011
https://miraipub.jp　mail:info@miraipub.jp

イラスト／松尾麗

編集／佐井亜紀

ブックデザイン／洪十六

発売／星雲社（共同出版社・流通責任出版社）
〒 112-0005 東京都文京区水道 1-3-30
TEL 03-3868-3275　FAX 03-3868-6588
印刷・製本／株式会社上野印刷所
©Akiko 2025 Printed in Japan
ISBN978-4-434-35711-4　C0036